E·A·S·Y
SPANISH
EXERCISES

Practice
for Beginners

Sandra Truscott
Series Editor, Brian Hill

Printed on recyclable paper

PASSPORT BOOKS
a division of *NTC Publishing Group*
Lincolnwood, Illinois USA

Acknowledgments

The author and publishers wish to thank the following for permission to use material: Sociedad Española de Radiodifusión for Cadena SER advertising material.

Every effort has been made to trace all the copyright holders, but if any have been inadvertently overlooked, the publishers will be pleased to make the necessary arrangement at the first opportunity.

This edition first published 1996 by Passport Books, a division of NTC Publishing Group, 4255 West Touhy Avenue, Lincolnwood (Chicago), Illinois 60646-1975 U.S.A.

First published 1994 by
THE MACMILLAN PRESS LTD.
Houndmills, Basingstoke, Hampshire RG21 2XS
and London

Manufactured in the United States of America.

6 7 8 9 ML 0 9 8 7 6 5 4 3 2 1

Contents

Introduction

Easy Spanish Exercises is a new self-study resource for language learners. First and foremost it is designed to provide extra practice in reading and writing skills in a digestible, enjoyable, and easy-to-follow format.

The book is related to the content of the successful *Just Listen 'n Learn Spanish* course and will certainly be welcomed by learners who are using or have used *Just Listen 'n Learn*, but it is of equal value to people who have had other exposure to the language. The book takes as its starting point the crucial topics you need when visiting or developing contacts abroad. So you find yourself involved in activities to help you when you are introducing yourself; describing your family, your job, or your town; asking for directions; shopping; ordering meals or making reservations; saying what you like or dislike; talking about your vacation; or saying good-bye.

The book is particularly appropriate for people who have made reasonable progress in listening and speaking, but who feel they now need something a bit more concrete to reinforce the vocabulary and structures they have learned. The activities, therefore, have been carefully selected to practice key language points in an enjoyable way.

Everything is carefully explained, and you should have no difficulty knowing what you are expected to do. At the end of each unit are full answers, so you can check how you are doing. These have been made as comprehensive as possible, so you can figure out where you went wrong.

Everybody works at a different pace, but on the average you should expect to spend from 1 to 1½ hours working through each unit. It is a good idea to have a dictionary handy to check on any words you don't know.

You might also find it fun to work on the book with somebody else in your family or with friends. Two or three heads are better than one, and you can help each other. You can work at home, on your lunch breaks, or even on the plane or train.

Easy Spanish Exercises is ideal for practicing, reviewing, and developing your language skills in an easy way that nevertheless covers the ground thoroughly. When you feel that you have mastered the activities in the 15 units, you will have a sound base to make the most of your vacation, visits from friends, and the many situations where language skills open up formerly closed doors.

Brian Hill
Series Editor

Exercise 1   Here's something easy to start with. Try to match up some of the everyday phrases you might use in Spain with their English equivalents.

a.	gracias	e	i.	please
b.	vale	d	ii.	hello
c.	de acuerdo	g	iii.	you're welcome
d.	hola	f	iv.	very good
e.	por favor	a	v.	thanks
f.	muy bien		vi.	OK
g.	de nada		vii.	how are you?
h.	encantado	j	viii.	yes
i.	¿qué tal?	b	ix.	fine
j.	sí		x.	nice to meet you

Exercise 2   Can you remember the verb **ser**, 'to be'? Choose the correct form for each sentence from the box below.

a.   .... **Juan. ¿Y tú?**

b.   **Tú** .... **Pepe, ¿verdad?**

c.   .... **la señora de Birmingham.**

d.   .... **norteamericanos, de California.**

e.   **Pablo y Pilar,** .... **de Valencia, ¿no?**

f.   **Mis padres** .... **profesores.**

g.   **Y ustedes, ¿de dónde** .... **?**

h.   **¿** .... **usted la señora Fernández?**

somos	es	es	sois	son	soy	son	eres

Exercise 3 Look at the cartoons below and label them according to nationality. Remember to add an 'a' if the person is a woman. The exception is **canadiense** which doesn't change.

Extra vocabulary **alemán** German

a. Es ....

b. Es ....

c. Es ....

d. Es ....

e. Es ....

f. Es ....

g. Es ....

h. Es ....

i. Es ....

Exercise 4 These are the questions that a young Catalan student was asked by our interviewer. What did she answer? Fill in the answers from the suggestions below.

Interviewer ¡Hola, María! ¿Qué tal?

María ....

Interviewer María, ¿de dónde eres?

María ....

Interviewer ¡Ah! ¿Eres catalana?

María ....

Interviewer Y, ¿hablas catalán?

María ....

Interviewer ¡Muy bien! ¿Y trabajas?

María ....

Interviewer ¿Y estudias?

María ....

Interviewer ¡Estudias y trabajas! ¡Estupendo!

Sí, estudio inglés y francés.   **Bien, gracias.**

Sí, soy catalana.   **Soy de Barcelona.**

Sí, trabajo en un banco, el Banco Catalán.

Sí, hablo catalán y español. Soy bilingüe.

Exercise 5 Look at the photo in which Sandra is introducing Teresa and Juan. Translate the conversation between them into Spanish.

Sandra Hello, how are you? Teresa, this is Juan. Juan, this is Teresa.

....

Teresa Fine, thank you. Nice to meet you.

....

Juan Nice to meet you.

....

Exercise 6 In the word search below you will find the names of five professions. If you need any help, look at the English equivalents below.

A C V E M C P D R L E M
Z A S F H G C V E N M Y
A O R E U Q U L E P S T
F U I B V C X M Y T W H
A C A M A R E R O T U D
T A R O S E F O R P A H
A Z X V D G J L L G A D
E S T U D I A N T E I R

waiter, student, hairdresser, teacher, flight attendant

Exercise 7   This letter asking for a penpal was printed in a Spanish magazine. Write the translation below and then check it against the answers on page 6.

¡Hola amigos!

Soy Silvia Menéndez. Soy de Zaragoza y soy estudiante de idiomas (francés y alemán). También trabajo de camarera en un restaurante. Hablo francés, alemán y español. Mi dirección es:

Torre Greco 71, Ejea de los Caballeros, Zaragoza.

....

....

....

....

....

....

....

....

ANSWERS

Exercise 1
a. v **b.** vi **c.** ix **d.** ii **e.** i **f.** iv **g.** iii **h.** x **i.** vii **j.** viii

Exercise 2
a. soy **b.** eres **c.** es **d.** somos **e.** sois **f.** son **g.** son **h.** es

Exercise 3
a. es canadiense **b.** es española **c.** es francés **d.** es español
e. es inglés **f.** es canadiense **g.** es americano **h.** es alemana
i. es inglesa

Exercise 4

Interviewer	¡Hola, María! ¿Qué tal?
María	Bien, gracias.
Interviewer	María, ¿de dónde eres?
María	Soy de Barcelona.
Interviewer	¡Ah! ¿Eres catalana?
María	Sí, soy catalana.
Interviewer	Y, ¿hablas catalán?
María	Sí, hablo catalán y español. Soy bilingüe.
Interviewer	¡Muy bien! ¿Y trabajas?
María	Sí, trabajo en un banco, el Banco Catalán.
Interviewer	¿Y estudias?
María	Sí, estudio inglés y francés.
Interviewer	¡Estudias y trabajas! ¡Estupendo!

Exercise 5

Sandra	Hola, ¿qué tal? Teresa, éste es Juan. Juan, ésta es Teresa.
Teresa	Muy bien. Encantada.
Juan	Encantado.

Exercise 6
profesora, camarero, peluquero, estudiante, azafata

Exercise 7
Hello friends!

I'm Silvia Menéndez. I'm from Zaragoza and I am a student of languages (French and German). I also work as a waitress in a restaurant. I speak French, German, and Spanish. My address is:

71 Torre Greco, Ejea de los Caballeros, Zaragoza.

Exercise 1 *How is your math?*

Figure out the answers to these math problems and write out the answers in words.

a. 3 x 5 − 5 = ...

b. 1 − 0 + 6 = ...

c. 8 + 5 − 4 = ...

d. 2 + 2 − 1 = ...

e. 8 + 2 − 5 = ...

f. 4 x 1 + 2 = ...

g. 10 − 9 + 0 = ...

h. 5 x 2 − 8 = ...

i. 3 x 4 − 8 = ...

j. 12 − 4 = ...

Exercise 2   Look at the picture below and try to memorize each item sold.
Then cover the picture and write down the name of each
item in Spanish. There are seven.

a. ....

b. ....

c. ....

d. ....

e. ....

f. ....

g. ....

Exercise 3 Take another look at the department store and then say whether these statements are true (**verdad**) or false (**mentira**).

		verdad	mentira
a.	Los pantalones están en la segunda planta.	☐	☐
b.	Los juguetes están en el sótano.	☐	☐
c.	Los sombreros están en la segunda planta.	☐	☐
d.	Las cremas para la piel están en la planta baja.	☐	☐
e.	El pan está en la primera planta.	☐	☐
f.	El vino está en la planta baja.	☐	☐
g.	El café está en la planta sótano.	☐	☐

Exercise 4

A company is trying to find out what sort of people use its materials. Answer the interviewer's questions as though you were first Anne Sinclair, and then John Clinton.

ANNE SINCLAIR
MARRIED – TWO CHILDREN, A BOY AND A GIRL
THE BOY, PAUL, IS TWO – THE GIRL, ALICE, IS FOUR

Interviewer	Un momento por favor. ¿Cómo te llamas?
Anne	....
Interviewer	¿Y estás casada o eres soltera?
Anne	....
Interviewer	¿Tienes hijos?
Anne	....
Interviewer	¿Hijos o hijas?
Anne	....
Interviewer	¿Cómo se llama tu hijo?
Anne	....
Interviewer	¿Y tu hija?
Anne	....
Interviewer	¿Y cuántos años tiene Pablo?
Anne	....
Interviewer	¿Y Alicia?
Anne	....
Interviewer	Muchas gracias.

JOHN CLINTON
SINGLE – CANADIAN (**CANADIENSE**) FROM CALGARY
GIRLFRIEND CALLED PAM FROM TORONTO

Interviewer	Señor, por favor. ¿Cómo se llama usted?
John	....
Interviewer	¿Y es inglés?
John	....
Interviewer	¿De dónde es usted en el Canadá?
John	....
Interviewer	¿Está usted casado?
John	....

Interviewer	Pero tiene novia.
John	....
Interviewer	Y su novia, ¿cómo se llama?
John	....
Interviewer	¿Y es canadiense también?
John	....
Interviewer	Gracias.

Exercise 5   Here's a map of Peru. Look at the example and then write down the locations of the Peruvian towns. Remember the words next to the map.

el norte   the north
el este   the east
el oeste   the west
el centro   the center
el sur   the south

a.   **Arequipa está en el sur del Perú.**

b.   **Cerro de Pasco** ....

c.   **Trujillo** ....

d.   **Tacna** ....

e.   **Lima** ....

f.   **Huancayo** ....

g.   **Piura** ....

h.   **Cajamarca** ....

i.   **Puno** ....

j.   **Cuzco** ....

k.   **San Lorenzo** ....

Exercise 6   Teresa Ortiz sees Silvia's letter (which you translated in Unit One) and decides to answer. Read her letter in which she talks about herself and her family.

Extra vocabulary   **diecinueve**   nineteen
los hermanos   brothers, or brothers and sisters
las hermanas   sisters
mayor   older, oldest
menor   younger, youngest
veintinueve   twenty-nine
la tienda   store, shop
saludos cordiales   best wishes

Querida Silvia

Soy Teresa Ortiz y soy peruana, de la ciudad de Trujillo, provincia de la Libertad. Trujillo está en el norte del Perú en la costa pacífica. Tengo diecinueve años y tengo dos hermanos y tres hermanas. ¿Tienes hermanos también? ¿Cuántos tienes? Mi hermana mayor se llama Cristina y tiene veintinueve años. Mi hermano menor se llama Lucho y tiene dos años. También tengo novio: se llama Mario y tiene veintidós años. Trabajo en la planta baja de una tienda en Trujillo, en la sección de perfumería. Vendemos perfume, cremas para la piel, cosméticos etcétera.

Saludos cordiales de Teresa

Now are these statements true (**verdad**) or false (**mentira**)?

		verdad	mentira
a.	Teresa is Chilean.	☐	☐
b.	She lives in the north of Peru.	☐	☐
c.	Trujillo is on the Atlantic coast.	☐	☐
d.	There are six brothers and sisters in her family.	☐	☐
e.	Her oldest sister is twenty-eight.	☐	☐
f.	Her youngest brother is two.	☐	☐
g.	Her boyfriend is called Lucho.	☐	☐
h.	She is a sales clerk.	☐	☐

ANSWERS

Exercise 1

a. diez **b.** siete **c.** nueve **d.** tres **e.** cinco **f.** seis **g.** uno **h.** dos **i.** cuatro **j.** ocho

Exercise 2

The items were: pan (bread), vino (wine), crema para la piel (skin cream), pantalones (pants), sombreros (hats), juguetes (toys), and café (coffee)

Exercise 3

a. mentira **b.** mentira **c.** verdad **d.** verdad **e.** mentira **f.** mentira **g.** verdad

Exercise 4

Me llamo Anne Sinclair. Estoy casada. Tengo dos hijos. Un hijo y una hija. (Mi hijo) se llama Paul/Pablo. (Mi hija) se llama Alice/Alicia. Pablo tiene dos años. Alicia tiene cuatro.

Me llamo John Clinton. No, soy canadiense. Soy de Calgary. No, soy soltero. Sí, tengo novia. Se llama Pam. Sí, es canadiense, de Toronto.

Exercise 5

b. Cerro de Pasco está en el centro del Perú.
c. Trujillo está en el norte/el oeste del Perú.
d. Tacna está en el sur del Perú.
e. Lima está en el oeste del Perú.
f. Huancayo está en el centro del Perú.
g. Piura está en el norte del Perú.
h. Cajamarca está en el norte del Perú.
i. Puno está en el sur del Perú.
j. Cuzco está en el sur/el centro del Perú.
k. San Lorenzo está en el este del Perú.

Exercise 6

a. mentira **b.** verdad **c.** mentira **d.** verdad **e.** mentira **f.** verdad **g.** mentira **h.** verdad
(By the way, **hermanos** can mean 'brothers,' or 'brothers and sisters together' when talking about members of the family, as **hijos** can mean 'sons' or 'sons and daughters.')

Exercise 1 Look at the young people in the Ortiz family and write out their ages in full.

a. Cristina – 29 años. **b.** Teresa – 19 años. **c.** Margarita – 18 años.

d. Juan José – 16 años. **e.** Lucho – 2 años. **f.** Rocío – 13 años.

a. **Cristina tiene** .... **años.**

b. **Teresa tiene** .... **años.**

c. **Margarita tiene** .... **años.**

d. **Juan José tiene** .... **años.**

e. **Lucho tiene** .... **años.**

f. **Rocío tiene** .... **años.**

Exercise 2 Try finding the opposite of the words in the left-hand column.

a.	**a la derecha**	i.	**de matrimonio**
b.	**señoras**	ii.	**chica**
c.	**casa**	iii.	**soltero**
d.	**jardín**	iv.	**niño**
e.	**padre**	v.	**sur**
f.	**sencilla**	vi.	**piso**
g.	**ducha**	vii.	**caballeros**
h.	**adulto**	viii.	**a la izquierda**
i.	**casado**	ix.	**terraza**
j.	**chico**	x.	**baño**
k.	**norte**	xi.	**madre**

....

Exercise 3 Can you unravel the name of each item? There's a clue to help.

a. A street .... LCELA

b. Where you sleep .... RDMIOOTOIR

c. A modern sort of apartment .... ETOPRAMNAAT

d. Essential in a department store .... SCVIIRESO

e. You eat here .... DRCMOEO

f. To be found in the sky – or outside a hotel ....
LERESALTS

g. To be found in a bedroom .... MAAC

h. A married couple .... IRNOMAMTOI

i. Rhymes with **coche** (car) .... HECON

j. In spite of N.A.F.T.A., we still seem to need it!

.... AEAOPPTRS

Exercise 4 Read a description of where each object is to be found and then write in the word at the appropriate place on the table. You'll be using **al lado de** (at the side of), **a la derecha** (to the right), **a la izquierda** (to the left), **delante de** (in front of), and **detrás de** (behind).

Extra vocabulary **el lápiz** pencil
la caja de cerillas box of matches
el cigarrillo cigarette

a. La caja de cerillas está al lado de la crema, a la derecha.
b. Los cigarrillos están delante de la caja de cerillas.
c. El lápiz está delante del juguete y detrás de la crema.
d. El refresco está a la izquierda de la crema.
e. El pan está delante del refresco.
f. El vino está detrás del refresco al lado del juguete.
g. El café está a la derecha del juguete.

Exercise 5 *Which do you prefer?*

In this exercise you are being offered the choice between one item or another. Reply using **prefiero**. You'll notice that sometimes you are addressed as **tú** and sometimes as **usted**. There's no reason for this – apart from giving you practice in both forms!

a.   ¿Qué prefieres? ¿vino o café?

....

b.   ¿Qué prefiere usted? ¿una habitación con ducha o con baño?

....

c.   ¿Qué prefieres? ¿una casa o un piso?

....

d.   ¿Qué prefieres? ¿Barcelona o Madrid?

....

e.   ¿Qué prefieres? ¿el Atlántico o el Pacífico?

....

f.   ¿Qué prefieres? ¿España o Francia?

....

g.   ¿Qué prefieres? ¿Iberia o United Airlines?

....

h.   ¿Qué prefiere usted? ¿francés o alemán?

....

i.   ¿Qué prefiere usted? ¿un jardín o una terraza?

....

j.   ¿Qué prefieres? ¿un hotel o un apartamento?

....

Exercise 6 Look at this note and then fill in your part of the dialogue appropriately. You can choose to be either **Gabriel** or **Gabriela**. One or two vocabulary items before you begin:

Extra vocabulary **firmar** to sign
el ascensor the elevator

NOMBRE:	Gabriel(a) Valcárcel
NACIONALIDAD:	Boliviana
ESTADO CIVIL:	Soltero/a
No. HABITACIÓN:	13 (individual con ducha)
NOCHES:	2
FIRMA:	*Gabriel(a) Valcárcel*

Recepcionista	¡Hola, buenos días!
Gabriel(a)	Hello, do you have a room? ....
Recepcionista	Por supuesto. ¿Para cuántas noches?
Gabriel(a)	For two nights. ....
Recepcionista	¿Cómo la prefiere – individual o doble?
Gabriel(a)	Single, please. ....
Recepcionista	¿Con baño o con ducha?
Gabriel(a)	With a shower. ....
Recepcionista	Muy bien – la trece en la primera planta. ¿Cómo se llama usted?
Gabriel(a)	(Give your name) ....
Recepcionista	¿Y su nacionalidad?
Gabriel(a)	Bolivian. ....
Recepcionista	¿Me deja su pasaporte?
Gabriel(a)	Here you are. ....
Recepcionista	Firme aquí por favor. El ascensor está allí, a la izquierda.

Exercise 7 In this letter, Silvia replies to Teresa, telling her about where she lives. Read it through and then find the Spanish equivalent of the English phrases below.

Extra vocabulary
la carta the letter
el cuarto the room
escríbeme pronto write soon
el abrazo hug

> Ejea de los Caballeros
> 5 de mayo
>
> Querida Teresa:
> Gracias por tu carta. Yo vivo en Ejea de
> los Caballeros, en la provincia de Zaragoza que
> está en el norte de España. Tenemos una casa
> grande con cinco dormitorios y tres cuartos de baño.
> La casa tiene un jardín también grande, con
> una terraza al lado. Vivimos en la calle principal de
> Ejea: a la izquierda de la casa hay un banco y
> a la derecha, un colegio que se llama el Colegio
> de San José. Es el colegio de mis tres hermanos,
> Rosario, Sebastián y Joaquín. Yo soy estudiante
> en la Universidad de Zaragoza donde estudio
> idiomas.
> ¡Escríbeme pronto!
>
> Un abrazo de
>
> Silvia

a. to the left of the house ....

b. to the right ....

c. thank you for your letter ....

d. five bedrooms and three bathrooms ....

....

e. it's in the north of Spain ....

f. I'm a student ....

g. with a patio by the side ....

h. a school called St. Joseph's College ....

....

ANSWERS

Exercise 1
a. Cristina tiene veintinueve años   **b.** Teresa tiene diecinueve años
c. Margarita tiene dieciocho años   **d.** Juan José tiene dieciséis años
e. Lucho tiene dos años   **f.** Rocío tiene trece años

Exercise 2
a. viii   **b.** vii   **c.** vi   **d.** ix   **e.** xi   **f.** i   **g.** x   **h.** iv   **i.** iii   **j.** ii   **k.** v

Exercise 3
a. calle   **b.** dormitorio   **c.** apartamento   **d.** servicios   **e.** comedor
f. estrellas   **g.** cama   **h.** matrimonio   **i.** noche   **j.** pasaporte

Exercise 4
You should have put:
a. the matches to the right of the cream   **b.** the cigarettes in front of
the matches   **c.** the pencil in front of the toy and behind the cream
d. the soft drink to the left of the cream   **e.** the bread in front of the
soft drink   **f.** the wine behind the soft drink next to the toy   **g.** the
coffee to the right of the toy

Exercise 5
You can choose either of all the options, so long as you use the form
prefiero.

Exercise 6
¡Hola, buenos días! ¿Tiene una habitación?
Para dos noches.
Individual, por favor.
Con ducha.
Gabriel(a) Valcárcel
Boliviana.
Aquí lo tiene/aquí tiene el pasaporte.

Exercise 7
a. a la izquierda de la casa   **b.** a la derecha   **c.** gracias por tu carta
d. cinco dormitorios y tres cuartos de baño   **e.** está en el norte de
España   **f.** soy estudiante   **g.** con una terraza al lado   **h.** un colegio
que se llama el Colegio de San José

Exercise 1 Look at these prices on your cafeteria check and then write them out as words.

dos cafés	*110 ptas.*	**a.** ....
un zumo de naranja	*150 ptas.*	**b.** ....
un pastel de chocolate	*250 ptas.*	**c.** ....
un bollo	*115 ptas.*	**d.** ....
una tostada	*95 ptas.*	**e.** ....
un agua mineral	*175 ptas.*	**f.** ....

Exercise 2 During your trip to Spain, you've had several expensive meals and made out checks to cover them. The cost has been written out in words below. Fill in the figures beside them.

a. **cinco mil quinientas ptas.** ....

b. **diez mil cuatrocientas veinte ptas.** ....

c. **cuatro mil doscientas cincuenta ptas.** ....

d. **dos mil ciento treinta ptas.** ....

e. **ocho mil ochocientas noventa ptas.** ....

f. **nueve mil trescientas treinta y dos ptas.** ....

g. **tres mil novecientas cuarenta y cinco ptas.** ....

h. **cuatrocientas cincuenta ptas**. ....

Exercise 3 The word **querer** (to want or to wish) is important in restaurant situations. Complete each sentence with the correct form.

a. **Yo** .... **agua mineral.**

b. **Nosotros** .... **cerveza.**

c. **Y tú, Luisa, ¿qué** .... **?**

d. **Ellos** .... **café con leche.**

e. **Vosotros, ¿qué** .... **?**

f. **Juan** .... **un vaso de vino tinto.**

g. **Y Margarita** .... **un vaso de vino blanco.**

h. **Usted, señor, ¿qué** .... **?**

Exercise 4 Here are some phrases that you might hear in a restaurant or café in Spain. Match them up with their English equivalent.

a. **La cuenta, por favor.**
b. **¿Cuánto es todo?**
c. **¿Solo o con leche?**
d. **¿Con gas o sin gas?**
e. **Para mí calamares fritos.**
f. **¿Y para usted?**
g. **Una caña por favor.**
h. **Y un bocadillo de jamón para mi esposo.**
i. **¿Qué tapas tiene?**
j. **Una ensalada verde y una cerveza.**

i. A glass of beer, please.
ii. With or without milk?
iii. A green salad and a beer.
iv. And a ham sandwich for my husband.
v. The check, please.
vi. How much is everything?
vii. What snacks do you have?
viii. Carbonated or non-carbonated?
ix. Fried squid for me.
x. And for you?

Exercise 5 For this conversation which takes place in a restaurant, choose the appropriate phrase from the box.

Cliente 1 ¡ .... !

Camarero Sí, señores. ¿Qué desean?

Cliente 1 ¿ .... ?

Camarero Por supuesto. Tenga.

Cliente 1 ....

Camarero ¿Y para la señora?

Cliente 2 ¿ .... ?

Camarero De jamón, queso, calamares...

Cliente 2 ....

Camarero ¿Algo de beber?

Cliente 1 ....?

Cliente 2 ....

Camarero O sea, una ensaladilla, un bocadillo y dos vinos. Enseguida los traigo.

Un vino blanco.   **¿De qué son los bocadillos?**

¡Oiga camarero!   **¿Nos trae el menú?**

Un vino tinto para mí. ¿Y para ti Teresa?

A ver... una ensaladilla rusa para mí.

Muy bien, uno de queso.

Exercise 6 Here is a menu from the **Cafetería Estrella**. Read it through and choose the items which you would like to order. Then fill in the answers to the waiter's questions. You might not know the following words:

Extra vocabulary
el arroz rice
la sidra cider
las patatas fritas
            french fries
el huevo egg

```
        CAFETERÍA  ESTRELLA
          C/ JUAN DIEGO, 15
             LOGROÑO

 RACIONES
 Calamares a la romana        390 ptas.
 Ensaladilla rusa             265 ptas.
 Patatas fritas               200 ptas.
 Arroz Estrella               375 ptas.
 Croquetas                    200 ptas.

 SANDWICHES
 Mixto ( jamón York, queso )  190 ptas.
 Mixto con huevo ( jamón York,
     queso y huevo frito)     250 ptas.

 BEBIDAS
 Rioja                        700 ptas.
 Ribeiro                      455 ptas.
 ½ Rioja                      375 ptas.
 Sidra                        115 ptas.
 Cerveza                      100 ptas.
```

| Camarero | ¿Qué desea señora? |
| Cliente | (choose a Russian salad) |

....

| Camarero | Lo siento, señora, no nos queda. |
| Cliente | Bueno pues... (choose a serving of croquettes) |

....

| Camarero | ¿Algo más? |
| Cliente | Sí, (ask what the 'sandwich mixto' is made of) |

....

| Camarero | ¿El mixto? Tiene jamón York y queso. Lo tenemos también con huevo. |
| Cliente | (No, a mixed sandwich without the egg) |

....

| Camarero | Bien. ¿Y algo de beber? |
| Cliente | (Choose a glass of cider) |

....

| Camarero | Muy bien, señora. Enseguida los traigo. |

Exercise 7 It's Christmas Eve (**Nochebuena**) in Zaragoza, and Silvia sends Teresa a postcard to wish her a happy festive season (**felices fiestas**).

Extra vocabulary
la comida food
comer to eat
el cordero lamb
la navidad Christmas
el champán champagne
beber to drink
el turrón nougat

Querida Teresa:

Es la Nochebuena y mi familia y yo estamos en un restaurante en Zaragoza. Comemos comida tradicional y bebemos champán. De primero, comemos gambas a la plancha, de segundo, cordero o trucha, y de postre comemos flan, mazapán y ¡por supuesto! mucho turrón. ¡Delicioso! También bebemos un buen vino de Rioja y el champán tradicional. Y vosotros, ¿qué coméis y bebéis en el Perú en Navidad?

Te deseo a ti y a toda tu familia unas felices fiestas.

Silvia

Now fill in the menu which Teresa and her family had at Christmas.

EL GALEÓN
menú especial de Nochebuena

1º grupo ....

2º grupo ....

....

3º grupo ....

....

....

Bebidas ....

....

ANSWERS

Exercise 1
a. ciento diez **b.** ciento cincuenta **c.** doscientas cincuenta
d. ciento quince **e.** noventa y cinco **f.** ciento setenta y cinco

Exercise 2
a. 5,500 **b.** 10,420 **c.** 4,250 **d.** 2,130 **e.** 8,890 **f.** 9,332 **g.** 3,945
h. 450

Exercise 3
a. yo quiero **b.** nosotros queremos **c.** ¿qué quieres? **d.** ellos
quieren **e.** ¿qué queréis? **f.** Juan quiere **g.** Margarita quiere
h. ¿qué quiere?

Exercise 4
a. v **b.** vi **c.** ii **d.** viii **e.** ix **f.** x **g.** i **h.** iv **i.** vii **j.** iii

Exercise 5
¡Oiga, camarero! Sí señores. ¿Qué desean? ¿Nos trae el menú? Por
supuesto. Tenga. A ver... una ensaladilla rusa para mí. ¿Y para la
señora? ¿De qué son los bocadillos? De jamón, queso, calamares...
Muy bien, uno de queso. ¿Algo de beber? Un vino tinto para mí. ¿Y
para ti, Teresa? Un vino blanco. O sea, una ensaladilla, un bocadillo
y dos vinos. Enseguida los traigo.

Exercise 6
Una ensaladilla rusa, por favor / Bueno pues... una ración de
croquetas / ¿De qué es el sandwich mixto? / No, un sandwich mixto
sin huevo / Un vaso de sidra

Exercise 7
1: gambas a la plancha 2: cordero/trucha 3: flan, mazapán, turrón
Bebidas: champán y Rioja

5 DIRECTIONS

Exercise 1 You will remember that **se puede** means 'you can' and **no se puede** 'you cannot.' Match each traffic sign to its equivalent in Spanish.

a. **No se puede aparcar.**
b. **No se puede circular a más de cuarenta.**
c. **No se puede circular por esta calle.**
d. **No se puede girar a la izquierda.**
e. **No se puede circular en bicicleta.**
f. **No se puede girar a la derecha.**

i.   ii.   iii.

iv.   v.   vi.

Exercise 2 Pepe wants to know how many kilometers it is to various Spanish cities. Write down the equivalent in figures.

Pepe ¿A cuántos kilómetros está Granada?

Paco Mm... a unos doscientos treinta. **a.** ....

Pepe ¿Y Córdoba?

Paco A trescientos cuarenta. **b.** ....

Pepe ¿Y sabes a cuántos kilómetros está Sevilla?

Paco Más lejos. A cuatrocientos diez. **c.** ....

Pepe ¿Y Jerez?

Paco No lo sé. ¿A ciento cincuenta? **d.** ....

Ana No, más. A ciento ochenta. **e.** ....

Exercise 3　How many of these methods of transportation can you remember? Look at the list, then cover it and see how many you can write down. There are ten items.

en tren
en coche
en metro
a pie
en autocar

en autobús
en avión
en bicicleta
en barco (boat)
en coche de línea (coach)

....

....

....

....

....

....

....

....

....

....

Exercise 4　Practice asking for these places, by using ¿**para ir a...**? Don't forget that **a + el = al**.

| Banco BBV | FARMACIA |

a. ....

b. ....

| El Prado | |

c. ....

d. ....

| Santiago | |

e. ....

f. ....

| El Corte Inglés | Galerías Preciados |

g. ....

h. ....

Exercise 5 These phrases all have to do with asking and understanding directions. Match them up with their English equivalents.

a. **Al otro lado.**
b. **¿Tengo que pasar por la plaza?**
c. **Todo seguido.**
d. **¿Cómo se puede ir a la Plaza Mayor?**
e. **Coge la segunda bocacalle.**
f. **¿Qué significa 'calle'?**
g. **A mano izquierda.**
h. **Tiene que doblar la esquina.**
i. **¿A cuántos kilómetros está?**
j. **Está cerca.**

i. How do you get to the Main Square?
ii. On the left hand side.
iii. What does 'calle' mean?
iv. Straight ahead.
v. On the other side.
vi. How many kilometers away is it?
vii. Do I have to go through the square?
viii. Take the second turn.
ix. You have to turn the corner.
x. It's nearby.

Exercise 6 Look at this map of the central area of Mexico City. You are standing in **Cuauhtémoc** (39) facing west toward the **Paseo de la Reforma**. Where would you be if you followed these instructions? (You'll find the six possibilities at the end of the exercise.)

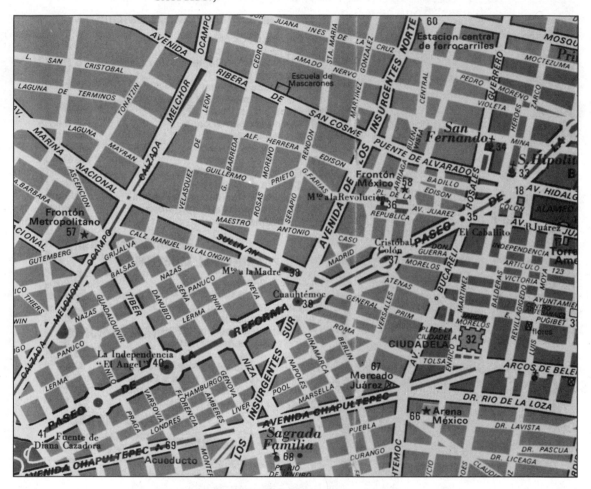

a. Vaya todo recto hasta la Independencia. Luego tiene que coger la Avenida Tiber hasta la Calzada Melchor Ocampo. Está a la izquierda.

b. Usted coge la Avenida de los Insurgentes Sur y cruza la Avenida Chapultepec. Tuerza a la izquierda y luego es la segunda bocacalle a la derecha. Está en la Plaza Río de Janeiro.

c. Usted va toda la calle adelante y al final se encontrará con ella.

d. Usted da la vuelta y sube por la Avenida de los Insurgentes Norte. Coge la tercera bocacalle a la derecha. Está en la Plaza de la República.

e. Usted da la vuelta y coge la Calle del General Prim. Vaya todo seguido hasta la Avenida Bucareli y está enfrente, al lado del Jardín Morelos.

f. Tiene que coger la calle Dinamarca a la izquierda. Vaya todo recto hasta el final. Tuerza a la izquierda y está en la esquina con Avenida Bucareli.

La Fuente de Diana Cazadora (41)
La Ciudadela (32)
La Sagrada Familia (68)
El Monumento a la Revolución (36)
El Frontón Metropolitano (57)
El Mercado Juárez (67)

Exercise 7   On the phone, Teresa tells a friend how to get to her house by car. Read the transcript of her conversation.

Bueno, para venir a la casa tienes que coger la carretera hacia Zaragoza, la nacional 3. A unos diez kilómetros, verás el río y el puente a la izquierda y luego los indicadores para Ejea. Coges la carretera de Ejea a la derecha y vas todo recto, todo recto hasta la plaza principal del pueblo. Allí coges la tercera bocacalle a la derecha que es la calle Romero. Verás una farmacia a unos quinientos metros y nosotros estamos al otro lado de la calle, entre un colegio y un banco. ¿Vale?

Now, are these statements true (**verdad**) or false (**mentira**)?

		verdad	mentira
a.	Lo que hay que hacer es coger la carretera nacional tres.	☐	☐
b.	El amigo de Teresa verá el puente a la derecha.	☐	☐
c.	Se llega al río después de los indicadores para Ejea.		
d.	Su amigo tiene que conducir hacia la plaza principal del pueblo.	☐	☐
e.	La farmacia se encuentra a quinientos metros, en la calle Romero.	☐	☐
f.	La casa se encuentra entre un colegio y un banco.	☐	☐
g.	La calle Romero es la segunda bocacalle a la derecha.	☐	☐

ANSWERS

Exercise 1
a. iv **b.** vi **c.** v **d.** iii **e.** i **f.** ii

Exercise 2
a. 230 **b.** 340 **c.** 410 **d.** 150 **e.** 180

Exercise 4
a. ¿para ir al Banco BBV? **b.** ¿para ir a la farmacia? **c.** ¿para ir al Prado? **d.** ¿para ir al río? **e.** ¿para ir a Santiago? **f.** ¿para ir al puente? **g.** ¿para ir al Corte Inglés? **h.** ¿para ir a Galerías Preciados?

Exercise 5
a. v **b.** vii **c.** iv **d.** i **e.** viii **f.** iii **g.** ii **h.** ix **i.** vi **j.** x

Exercise 6
a. 57, El Frontón Metropolitano **b.** 68, La Sagrada Familia **c.** 41, La Fuente de Diana Cazadora **d.** 36, El Monumento a la Revolución **e.** 32, La Ciudadela **f.** 67, El Mercado Juárez

Exercise 7
a. verdad **b.** mentira **c.** mentira **d.** verdad **e.** verdad **f.** verdad **g.** mentira

Exercise 1   Try finding all seven days of the week in this **sopa de letras**.

```
L  S  E  L  O  C  R  E  I  M  J  Q
U  E  O  G  N  I  M  O  D  U  U  W
N  T  T  R  S  U  K  L  E  S  R  U
E  R  B  M  C  R  I  V  L  B  V  O
S  A  B  A  D  O  E  S  A  G  H  I
M  M  N  M  L  S  E  N  R  E  I  V
```

Exercise 2   Here are some dates which are famous in Spain or in other countries. Can you put them into Spanish? Remember the formula **el (uno) de (mayo)**.

a.   the fourth of July   ....

b.   the twenty-fifth of December   ....

c.   the first of January   ....

d.   the seventeenth of March   ....

e.   the twenty-ninth of February   ....

f.   the sixth of January   ....

g.   the first of November   ....

h.   the fourteenth of July   ....

i.   the eighth of December   ....

Exercise 3 Tell the time according to each clock. The first one is done for you.

a. *son las seis y media*
....

b. ....

c. ....

d. ....

e. ....

f. ....

g. ....

h. ....

i. ....

j. ....

Exercise 4 Read this conversation that takes place in a railway station and choose the correct questions from the box below.

Cliente ....

Empleado ¿Por la mañana, por la tarde, por la noche?

Cliente ....
Empleado Tiene uno a las seis, otro a las ocho cuarenta y otro a las doce diez.

Cliente ....

Empleado Llega a las diez cincuenta y dos.

Cliente ....

Empleado Eso es.

Cliente ....

Empleado Sí, claro, sale en punto.

Cliente ....

Empleado Sí, todos los días hay trenes.

¿A qué hora sale el tren de Palencia?

¿Y a qué hora llega el de las ocho cuarenta?

¿Sale el tren siempre a su hora?

¿Y hay trenes los domingos?

O sea, tarda dos horas aproximadamente.

Por la mañana.

Exercise 5   Look at this publicity for the Spanish radio station
Cadena Ser and then answer the following questions in
Spanish.

GRACIAS A MUCHOS ESTAMOS AQUÍ.

Iñaki Gabilondo

Javier Sardá

Carlos Llamas

José Ramón de la Morena
Michael Robinson

José Domingo Castaño
Paco Gonzalez
Manolo Lama

HOY POR HOY
De 6 a 12h.

LA VENTANA
De 16 a 19h.

HORA 25
De 20 a 24h.

EL LARGUERO
De 24 a 1,30h.

**CARRUSEL
DEPORTIVO**
Sabados y Domingos.

Cadena SER, La Primera Cadena de Radio en España. 3.065.000 Oyentes

Extra vocabulary   **el oyente**   listener   **empezar**   to begin

a.   **¿Cuántos oyentes tiene Cadena Ser?**

....

b.   **¿Cuántas horas dura el programa HORA 25?**

....

c.   **¿A qué hora empieza HOY POR HOY?**

....

d.   **¿Y a qué hora termina?**

....

e.   **¿EL LARGUERO termina por la mañana o por la tarde?**

....

f.   **¿Para qué días de la semana está programado CARRUSEL
DEPORTIVO?**

....

g.   **¿Cuántas personas actúan en CARRUSEL DEPORTIVO?**

....

Exercise 6   How is your telephone talk? The vowels are missing in these Spanish phrases. Fill them in to complete each sentence.

a.   **t--n- qu- m-rc-r -l c-r- s--t-:** you have to dial zero seven

b.   **-sp-r- -l t-n-:** wait for the tone

c.   **-l n-m-r- d- l- c--d-d:** the city code

d.   **qu--r- h-c-r -n- ll-m-d-:** I want to make a call

e.   **¡d-g-m-!:** hello!

f.   **-l -b-n-d-:** the subscriber

g.   **n- -st-:** s/he isn't here

h.   **- c-br- r-v-rt-d-:** collect call

Exercise 7   Find all the words in this puzzle and an important day will appear in the gray column.

a.   a city on the east coast of Spain, beginning with **V**
b.   **el --- de enero** (this date has already occurred in the unit)
c.   **quiero hacer una** 'call'
d.   the Spanish word for 'time'
e.   the masculine form of 'the'
f.   open
g.   the opposite of clue 'f'
h.   the word for 'tomorrow' or 'morning'
i.   opposite of **día**
j.   a summer month

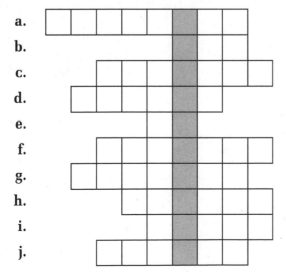

ANSWERS

Exercise 1

```
L  S E L O C R E I M J Q
U  E O G N I M O D U U W
N  T T R S U K L E S R U
E  R B M C R I V L B V O
S  A B A D O E S A G H I
M  M N M L S E N R E I V
```

Exercise 2

a. el cuatro de julio   **b.** el veinticinco de diciembre   **c.** el uno/ primero de enero   **d.** el diecisiete de marzo   **e.** el veintinueve de febrero   **f.** el seis de enero   **g.** el uno/primero de noviembre   **h.** el catorce de julio   **i.** el ocho de diciembre

Exercise 3

b. son las siete y veinte   **c.** es la una y cuarto   **d.** son las dos y diez **e.** son las dos   **f.** son las nueve y cinco   **g.** son las cuatro y diez **h.** es el mediodía/ la medianoche   **i.** son las doce menos cuarto **j.** son las cuatro menos diez

Exercise 4

¿A qué hora sale el tren de Palencia? / Por la mañana. / ¿Y a qué hora llega el de las ocho cuarenta? / O sea, tarda dos horas aproximadamente. / ¿Sale el tren siempre a su hora? / ¿Y hay trenes los domingos?

Exercise 5

a. tres millones sesenta y cinco mil personas   **b.** cuatro horas   **c.** a las seis de la mañana   **d.** a las doce (al mediodía)   **e.** por la mañana **f.** los sábados y domingos   **g.** tres personas

Exercise 6

a. tiene que marcar el cero siete   **b.** espere el tono   **c.** el número de la ciudad   **d.** quiero hacer una llamada   **e.** ¡dígame!   **f.** el abonado **g.** no está   **h.** a cobro revertido

Exercise 7

The word is cumpleaños (birthday). The other words were: Valencia, uno, llamada, tiempo, el, abierto, cerrado, mañana, noche, agosto

Exercise 1 Look at these words or phrases and circle the one that doesn't belong:

a. oliva   girasol   vegetal   maíz   jamón

b. leche   zumo de manzana   queso

   jugo de tomate   agua mineral

c. lata   bolsa   patatas   botellín   paquete   vaso

d. ¿me da...?   yo quiero   ¿algo más?   ¿cuánto es?   ¿tiene cambio?

e. mortadela   jamón   queso   huevos   salami

Exercise 2 Now try labeling these foods. You'll find the scrambled labels in the box below.

a. ....   b. ....   c. ....   d. ....

....

  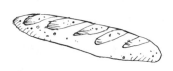 

c. ....   f. ....   g. ....   h. ....

....

botellas leche de dos   huevos una de docena

aceite botella una oliva de de

botellines de seis cerveza   barra una pan de   helado un

tomates kilo medio de   latas aceitunas dos de

Exercise 3   Here's Teresa's shopping list. Translate each item and then guess what the family is having for dinner.

espaguetis	....
1 kilo de carne	....
1 lata de tomates	....
1 lata de puré de tomate	....
1 litro de aceite de oliva	....
250 gramos de queso manchego	....
1 kilo de manzanas	....

....

Exercise 4   Here's a short dialogue that takes place in a small grocery store. You've been given the English version: just write in the Spanish equivalents which you'll find in the box below.

Salesperson   Hello, what would you like? ....

Client   A kilo of apples, please. ....

Salesperson   Small or large ones? ....

Client   Small ones. ....

Salesperson   Anything else? ....

Client   Yes, half a kilo of cheese. ....

Salesperson   Manchego or Edam? ....

Client   Edam. How much is everything? ....

Salesperson   978 pesetas. ....

Client   Thanks. ....

Salesperson   Thanks to you. ....

> **Queso de bola. ¿Cuánto es todo?   ¿Algo más?**
> **Pequeñas.   Gracias.   Un kilo de manzanas, por favor.**
> **¿Pequeñas o grandes?   ¿Manchego o queso de bola?**
> **Gracias a usted.   Novecientas setenta y ocho pesetas.**
> **Sí, medio kilo de queso.   Hola, ¿qué desea?**

Exercise 5   Now for another dialogue, this time in a department store. Choose the correct form of the word from the list below. Remember that adjectives need to 'agree' with their noun.

Empleada   ¡Hola, buenos días! ¿Qué desea?

Cliente   Sí, quiero una maleta, una (small one) ....

Empleada   Lo siento, maletas (small) .... no tenemos. Tenemos

(these ones) .... Son (bigger) .... y están

(reduced) ....

Cliente   Um... prefiero una maleta tipo bolso.

Empleada   Bolsos (small) .... también tenemos. Mire, (these

ones) .... son (good) ....

Cliente   ¿Qué precio tienen? ¿Son (cheap) .... ?

Empleada   Están muy bien de precio, además están (reduced) ....

baratos	**rebajados**
pequeña	**pequeños**
pequeñas	**éstas**
buenos	**más grandes**
rebajadas	**éstos**

Exercise 6   Here are some phrases which contain the word **hacer**, 'to do' or 'to make.' Match them up with the English in the opposite column.

a. **Hago la compra todos los días.**

b. **Están todos hechos a mano.**

c. **¿Qué haces aquí?**

d. **Hacemos un pastel de chocolate.**

e. **No hacen nada en casa.**

f. **¿Por qué no haces tus deberes?**

g. **Hace un vestido para la niña.**

h. **¿Hacéis la mili el año próximo?**

i.   What are you doing here?

ii.   They don't do anything in the house.

iii. She's making a dress for her daughter.

iv.   Why don't you do your homework?

v.   We're making a chocolate cake.

vi.   They're all made by hand.

vii. Are you doing your military service next year?

viii. I do the shopping daily.

....

Exercise 7 Now read the letter from Teresa to Silvia and then check the correct words in the statements below.

Extra vocabulary   **emocionante** exciting   **fresco** cool

---

el 3 de abril

¡Hola Silvia!

¿Qué tal estás? Yo estoy muy bien, muy contenta. Es mi cumpleaños el lunes de la semana que viene. Voy a tener una pequeña fiesta en casa el domingo, para celebrarlo, y vienen mis hermanos y amigos. Mañana voy a hacer un pastel muy grande, mejor que el del año pasado, con más chocolate, crema y huevos. Mi mamá los hace muy bien, pero estos días no está, está en Lima por una semana con su hermana mayor, mi tía Manuela. Lima es mejor que Trujillo, más grande y más emocionante. Yo también voy a Lima pero en el mes de julio cuando hace más fresco.

Un abrazo muy fuerte de Teresa.

a.   It's Teresa's birthday next Monday
                              Wednesday
                              Friday

b.   Teresa's mother is staying with Teresa's uncle
                                                    aunt
                                                    cousin

c.   In Lima, it's cooler in June
                              July
                              January

d.   Teresa's cake will have more coffee than last year
                                        chocolate
                                        coconut

e.   Her mother's cakes are fair
                              good
                              very good

f.   Trujillo is smaller than Lima
                      the same size as Lima
                      more boring than Lima

ANSWERS

Exercise 1

a. jamón: all the others are types of oil   **b.** queso: all the others are drinks   **c.** patatas: all the others are containers   **d.** yo quiero: all the others are questions   **e.** huevos: all the others are sold by weight

Exercise 2

a. dos latas de aceitunas   **b.** un helado   **c.** medio kilo de tomates **d.** dos botellas de leche   **e.** seis botellines de cerveza   **f.** una docena de huevos   **g.** una barra de pan   **h.** una botella de aceite de oliva

Exercise 3

The family is having spaghetti and meatballs, followed by cheese and fruit. The list had: spaghetti, 1 kilo of meat, 1 can of tomatoes, 1 can of tomato purée, 1 liter of olive oil, 250 grams of manchego cheese, and 1 kilo of apples

Exercise 4

¿Hola, qué desea? /Un kilo de manzanas, por favor. / ¿Pequeñas o grandes? / Pequeñas. / ¿Algo más? / Sí, medio kilo de queso. / ¿Manchego o queso de bola? / Queso de bola. ¿Cuánto es todo? / Novecientas setenta y ocho pesetas. / Gracias. / Gracias a usted.

Exercise 5

Empleada	¡Hola, buenos días! ¿Qué desea?
Cliente	Sí, quiero una maleta, una pequeña.
Empleada	Lo siento, maletas pequeñas no tenemos. Tenemos éstas. Son más grandes y están rebajadas.
Cliente	Um... prefiero una maleta tipo bolso.
Empleada	Bolsos pequeños también tenemos. Mire, éstos son buenos.
Cliente	¿Qué precio tienen? ¿Son baratos?
Empleada	Están muy bien de precio, además están rebajados.

Exercise 6

a. viii   **b.** vi   **c.** i   **d.** v   **e.** ii   **f.** iv   **g.** iii   **h.** vii

Exercise 7

a. Monday   **b.** aunt   **c.** July   **d.** chocolate   **e.** very good   **f.** smaller/ more boring than Lima

Exercise 1   Can you label these outfits? You may need to look at the vocabulary in the box below.

la falda	la camisa	las sandalias	los zapatos
la corbata	el cinturón	la blusa	el sombrero
	la chaqueta	el pantalón	

Exercise 2   Who do you think might be shopping for the following items? Match each article to the most appropriate person.

Extra vocabulary   **la mantilla** mantilla   **la seda** silk
                     Isabel Elizabeth   **Carlos** Charles

a.   **una mantilla grande y negra**
b.   **un pañuelo de cabeza, de seda natural**
c.   **una raqueta y unas pelotas de tenis**

        d. **un chandal, un balón y unas botas**
        e. **un blazer azul marino y un pantalón blanco**

        i. **la Reina Isabel de Inglaterra**
        ii. **Gabriela Sabatini**
        iii. **la Reina Sofia de España**
        iv. **Diego Maradona**
        v. **el Príncipe Carlos de Inglaterra**

....

Exercise 3   You're in a department store, buying a mantilla as a gift. Fill
                in your role in the conversation by choosing the correct
                responses from the box.

Dependienta   Buenas tardes, señora, ¿qué deseaba?

Clienta   ....
Dependienta   Por supuesto. ¿Es para usted?

Clienta   ....
Dependienta   Para su madre. ¿Y qué precio quería pagar?

Clienta   ....
Dependienta   ¿Y de qué color la quiere?

Clienta   ....
Dependienta   Las tenemos en negro, blanco, azul, gris...

Clienta   ....
Dependienta   Negro. Muy bien. ¿Qué le parece ésta?

Clienta   ....
Dependienta   ¿Más grandes? Sí, éstas, por ejemplo.

Clienta   ....
Dependienta   Un momento... ésta es cinco mil quinientas pesetas.

Clienta   ....

> **Muy bien. Me quedo con ésta.**
>
> **¿Qué colores hay?   ¿Las hay más grandes?**
>
> **Buenas tardes. ¿Venden ustedes mantillas?**
>
> **No, es para mi madre.   Prefiero negro.**
>
> **¿Cuánto cuesta ésta?   Sobre las cinco mil pesetas.**

Exercise 4   Read through this dialogue which takes place in a drug store.

Farmacéutico	Sí, señorita, ¿qué necesita?
Señorita	Mire, no me siento muy bien.
Farmacéutico	¿Ah no? ¿Qué le pasa?
Señorita	Pues tengo un dolor de cabeza.
Farmacéutico	¿Fuerte?
Señorita	Bastante, sí.
Farmacéutico	¿Otros síntomas tiene?
Señorita	Sí, también tengo dolor de estómago.
Farmacéutico	¿Y tiene fiebre?
Señorita	No lo sé... bueno, un poco, quizá...
Farmacéutico	Mire usted, le voy a dar un jarabe para el dolor de estómago. Tómelo tres veces al día. Luego, hay estas aspirinas para el dolor de cabeza y estos comprimidos para la fiebre.

Now fill in this note in English with the young girl's symptoms and the medicine recommended by the pharmacist.

síntomas	medicamento recetado
....	....
....	....
....	....

Exercise 5   Are you sure about how to pay in a Spanish store? Match up these phrases with their English equivalent.

a.	**¿Cuánto es?**	i.	Can I pay by (credit) card?
b.	**¿Dónde puedo pagar?**	ii.	How do you want to pay?
c.	**¿Usted quiere pagar ahora?**	iii.	Go to the cash desk.
d.	**¿Con Master o con Visa?**	iv.	How much is it?
e.	**Pase usted a caja.**	v.	Do you want to pay now?
f.	**¿Puedo pagar con tarjeta?**	vi.	With MasterCard or Visa?
g.	**¿Cómo quiere pagar?**	vii.	Where do I pay?

....

Exercise 6   In this letter, Silvia tells Teresa what she bought on sale.

Extra vocabulary   **la ropa** clothes   **yo compré** I bought
             el encaje lace   **en cambio** on the other hand

> ... mi hermana y yo compramos mucha ropa rebajada. Yo compré un pantalón blanco para el verano, una camisa de algodón, muy fina, también blanca y un jersey azul marino, más grueso, todo muy elegante y muy clásico. En cambio, mi hermana se compró unas botas verdes, un minivestido negro de lana y lycra y unas medias de encaje. ¡Parece una verdadera punkie!

Now, are these statements **verdad** or **mentira**?

		verdad	mentira
a.	The clothes the girls bought were expensive.	☐	☐
b.	Silvia bought a classic outfit.	☐	☐
c.	Her sister's clothes were more outrageous.	☐	☐
d.	Silvia's sweater was lightweight.	☐	☐
e.	Her sister bought some green shoes.	☐	☐
f.	Silvia bought some summer pants.	☐	☐
g.	Her sister's skirt is black wool.	☐	☐

Exercise 7

Finally, three people are modeling evening wear. Fill in the details of their outfits in English in the boxes below.

Extra vocabulary **largo** long **el escote** neckline
el ante suede **el esmoquin** dinner jacket

María viste vestido largo de seda negra con un original escote de estrellas blancas de Jaeger.

Tania, en el centro, posa una túnica larga y pantalones amplios en seda roja de Javier Mariátegui. Los zapatos de ante rojo son de Lotus.

El caballero viste esmoquin en tonos verdes y grises y camisa de algodón blanco y corbata de Adolfo Domínguez. Zapatos también de Lotus.

María

....

....

....

Tania

....

....

....

El caballero

....

....

....

ANSWERS

Exercise 1

Woman: **a.** sandals = las sandalias **b.** skirt = la falda **c.** blouse = la blusa **d.** hat = el sombrero **e.** belt = el cinturón

Man: **a.** pants = el pantalón **b.** jacket = la chaqueta **c.** shoes = los zapatos **d.** shirt = la camisa **e.** tie = la corbata

Exercise 2

a. iii **b.** i **c.** ii **d.** iv **e.** v

Exercise 3

Buenas tardes, señora, ¿qué deseaba? / Buenas tardes. ¿Venden ustedes mantillas? / Por supuesto. ¿Es para usted? / No, es para mi madre. / Para su madre. ¿Y qué precio quería pagar? / Sobre las cinco mil pesetas. / ¿Y de qué color la quiere? / ¿Qué colores hay? / Las tenemos en negro, blanco, azul, gris... / Prefiero negro. / Negro. Muy bien. ¿Qué le parece ésta? / ¿Las hay más grandes? / ¿Más grandes? Sí, éstas, por ejemplo. / ¿Cuánto cuesta ésta? / Un momento... ésta es cinco mil quinientas pesetas. / Muy bien. Me quedo con ésta.

Exercise 4

symptoms: headache (aspirins), stomachache (syrup), temperature, fever (tablets)

Exercise 5

a. iv **b.** vii **c.** v **d.** vi **e.** iii **f.** i **g.** ii

Exercise 6

a. mentira **b.** verdad **c.** verdad **d.** mentira **e.** mentira **f.** verdad **g.** mentira (she bought a minidress, not a skirt)

Exercise 7

María: long black silk dress with a neckline with white stars.

Tania: long tunic and wide pants in red silk. Red suede shoes by Lotus.

Gentleman: white cotton shirt, dinner jacket in green and gray tones and tie by Adolfo Domínguez. Shoes by Lotus.

Exercise 1 You give a thousand peseta bill to the taxi driver. How much change would you receive if the fare were the following different amounts? Write out the answers in word form in Spanish.

a. **doscientas cincuenta pesetas** ....

b. **trescientas treinta pesetas** ....

c. **quinientas pesetas** ....

d. **setecientas cuarenta y cinco pesetas** ....

e. **ochocientas diez pesetas** ....

f. **novecientas cinco pesetas** ....

g. **ciento treinta y cinco pesetas** ....

Exercise 2 Match each person to the appropriate conversation.

a.
A Taxi, ¿queda libre?
B Sí, señorita, ¿para dónde?
A A la universidad.
B Bien.

b.
A Taxi, ¿está libre?
B Sí, señor, ¿para dónde va usted?
A Al Banco Hispano.
B ¿Dónde queda?
A En la Avenida Ramón Menéndez Pidal, número 27.
B Ah, sí, ya sé donde está.

c.
A Taxi, ¿queda libre?
B No, señora, lo siento.

d.
A Taxi, taxi, ¿está libre?
B Sí, señor, ¿adónde va usted?
A Al aeropuerto.
B Bien.

e.

A Taxi, ¿queda libre?

B Sí, señora, ¿a dónde quiere ir?

A Al Corte Inglés en la Puerta del Sol.

B Muy bien.

   i.   **un hombre que sale de viaje de negocios**

  ii.   **una señora que va de compras en Madrid**

 iii.   **una estudiante**

  iv.   **un hombre de negocios que va a hablar al gerente del banco**

   v.   **una señora que no logra llamar un taxi**

Exercise 3 **Ir** (to go) is one of the most common and therefore most important verbs. Match the verb form to the pronoun that goes with it.

yo	**vamos**	....
ellos	**van**	....
él	**vais**	....
nosotros	**voy**	....
tú	**van**	....
ella	**vas**	....
ellas	**va**	....
vosotros	**va**	....

Exercise 4

Look at each sketch and decide which phrase best describes it.

i. ....

ii. ....

iii. ....

iv. ....

v. ....

vi. ....

vii. ....

a. ¿Quiere que le mire el nivel del aceite?
b. ¡Está muy sucio!
c. 25 litros de súper.
d. Mil pesetas de súper.
e. ¿Quiere que le limpie el parabrisas?
f. ¿Quiere que compruebe la presión de las ruedas?
g. ¿Súper, normal o sin plomo?

Exercise 5

Can you make whole phrases or sentences from the words in both columns? Example: **rueda** (a) goes with **de repuesto** (ix) to make **rueda de repuesto** (spare tire).

a.	rueda	i.	Prado por favor
b.	a la	ii.	más adelante
c.	al	iii.	justas

d.	¿está	iv.	le debo?
e.	a unos	v.	una hora
f.	mil pesetas	vi.	de detrás
g.	¿cuánto	vii.	catedral
h.	las dos	viii.	mismo
i.	un cuarto	ix.	de repuesto
j.	dentro de	x.	muy lejos?
k.	ahora	xi.	de súper
l.	un poco	xii.	cien kilómetros

....

....

Exercise 6 Write in the customer's replies in this dialogue at the train station.

Empleado ¡Hola, buenos días! ¿Qué desea?
Cliente A ticket to Zaragoza, please.

....

Empleado ¿Primera o segunda clase?
Cliente Second class.

....

Empleado ¿Ida y vuelta, o ida solamente?
Cliente Round-trip.

....

Empleado ¿Para hoy?
Cliente No, for tomorrow.

....

Empleado ¿El veintiséis de febrero?
Cliente Yes, that's right.

....

Empleado Quinientas pesetas justas.
Cliente Fine, thank you.

....

Empleado Gracias.

Exercise 7　All these words are connected with traveling. Fill them in to discover the name of something else you might need for a trip.

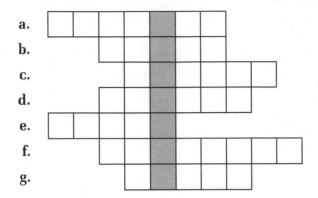

a. you can get around town in this
b. and around the sky in this!
c. the infinitive form of **llegado**
d. use this to pack your clothes in
e. a taxi with no one in it
f. where you can catch a train
g. the opposite of **cerca**

ANSWERS

Exercise 1

a. setecientas cincuenta pesetas   **b.** seiscientas setenta pesetas
c. quinientas pesetas   **d.** doscientas cincuenta y cinco pesetas
e. ciento noventa pesetas   **f.** noventa y cinco pesetas   **g.** ochocientas sesenta y cinco pesetas

Exercise 2

a. iii   **b.** iv   **c.** v   **d.** i   **e.** ii

Exercise 3

yo voy, tú vas, él/ella va, nosotros vamos, vosotros vais, ellos/ellas van

Exercise 4

a. vi   **b.** ii   **c.** v   **d.** vii   **e.** i   **f.** iv   **g.** iii

Exercise 5

a. ix   **b.** vii   **c.** i   **d.** x   **e.** xii   **f.** iii   **g.** iv   **h.** vi   **i.** xi   **j.** v   **k.** viii
l. ii

Exercise 6

¡Hola, buenos días! ¿Qué desea? / Un billete para Zaragoza, por favor. / ¿Primera o segunda clase? / Segunda clase. / ¿Ida y vuelta, o ida solamente? / Ida y vuelta. / ¿Para hoy? / No, para mañana. / ¿El veintiséis de febrero? / Sí, eso es. / Quinientas pesetas justas. / Bien, gracias. / Gracias.

Exercise 7

a. autobús   **b.** avión   **c.** llegar   **d.** maleta   **e.** libre   **f.** estación
g. lejos. The hidden word is **billete**.

Exercise 1 Look at the advertisements for these two restaurants and answer the **verdad**/**mentira** questions.

Els Molis

Paseo del Mar, Reig. Teléfono: 31 41 00. Abierto todos los días, desde 7 de abril a 12 de octubre. Tarjetas: Diners, Visa, Amex. Precio: entre 4.500 y 6.000 pesetas.

Restaurante familiar que forma parte del hotel del mismo nombre. Cocina catalana, elaborada con buenos productos. Comedor situado frente a la playa. Servicio amable y eficaz.

L'Infern

Carretera de Molins. Teléfono 52 80 11. Precio: 8.000 pesetas. Tarjetas: todas. Cerrado: los miércoles.

Restaurante familiar, situado en pleno centro urbano de la localidad. En verano vale la pena comer en el jardín. Cocina tradicional catalana, basada en los pescados de la zona. Postres y helados de elaboración casera. Servicio atento.

		verdad	mentira
a.	**Els Molis** is open every day throughout the year.	☐	☐
b.	It's nice to eat outside at **L'Infern**.	☐	☐
c.	**Els Molis** is also a hotel.	☐	☐
d.	You can see the beach from the restaurant at **Els Molis**.	☐	☐
e.	**L'Infern** is in a quiet country location.	☐	☐
f.	**L'Infern** is the more expensive of the two restaurants.	☐	☐
g.	Both restaurants specialize in Catalan food.	☐	☐
h.	**L'Infern** is closed on Tuesdays.	☐	☐
i.	**L'Infern** serves homemade sherbets and desserts.	☐	☐

Exercise 2 Read through the menu and decide what you and your partner would like to eat. Then answer the waiter's questions with the dishes which you have both chosen. (Look at page 61, to see an example.)

ENTRADAS Y ENSALADAS

entremeses variados
caviar ruso 'Malasol'
ensalada mixta
espárragos, dos salsas

SOPAS Y CONSOMÉ

crema de salmón (en temporada)
consomé al jerez

PESCADOS Y MARISCOS

merluza frita, dos salsas
calamares fritos
bacalao al pil pil
merluza a la gallega

POSTRES

arroz con leche
bombón helado al licor de whisky
café irlandés
café escocés
flan al caramelo
queso manchego
queso cabrales

Camarero	¡Buenos días, señores! ¿Qué desean?
Cliente 1	The menu, please ....
Camarero	Por supuesto. Tenga.
Cliente 1	Let's see... ( ) for me. ....
Camarero	Muy bien. ¿Y para la señora?
Cliente 2	( ) for me. ....
Camarero	¿Y de segundo plato?
Cliente 1	For me ( ). ....
Cliente 2	And ( ) for me. ....
Camarero	¿Y de postre qué desean?
Cliente 1	Is there any ice cream? ....
Camarero	Sí, hay de fresa, vainilla y chocolate.
Cliente 1	A vanilla ice cream. ....
Cliente 2	And a ( ) for me. ....
Camarero	¿Y para beber?
Cliente 1	A bottle of red house wine. ....
Cliente 2	And a liter of sparkling water. ....

Exercise 3 Divide up the following foods into the four columns below:

HIDRATOS (carbohydrates)	GRASAS (fats)	CARNE (meat)	PESCADO (fish)
....	....	....	....
....	....	....	....
....	....	....	....
....	....	....	....
....	....	....	....

pan blanco	azúcar	aceite de maíz	pasta
pollo	pan integral	salmón	trucha
sardinas	patatas	cochinillo	cordero
margarina	merluza	ternera	mantequilla

Exercise 4 Look at this check and write down, in words, what Sandra spent on the following items. Remember to multiply by two those figures with a number 2 in front of them.

i.	ENTRADAS	2 1.900	....
ii.	VERDURAS	2 2.400	....
iii.	PESCADO	1.450	....
iv.	MARISCO	8.000	....
v.	VARIOS	175	....
vi.	BODEGA	3.850	....
vii.	POSTRES	1.600	....
viii.	LICORES	2 300	....
ix.	CAFÉ	420	....

Exercise 5   Read this recipe and then answer the questions that follow.

Extra vocabulary   **la harina** flour   **añadir** to add
la cucharada spoonful   **la bolita** little ball
una pizca a pinch   **rellenar** fill
la sal salt   **la nata** cream
el fuego fire, heat   **espolvorear** sprinkle
enfriar to cool

Petit choux con salsa de chocolate

Ingredientes para 8 personas:
tres huevos • 150 gramos de harina • 1/4 litro
de agua • 2 cucharadas de mantequilla • una
pizca de sal • una cucharada de azúcar • 1/4 de
nata montada • 100 gramos de chocolate
fondant • 8 cucharadas de nata líquida • 2
cucharadas de whisky • 2 cucharadas más de
azúcar.

Poner al fuego el agua con la sal, el azúcar y la mantequilla. Luego echar
la harina y mover con espátula. Dejar enfriar. Añadir los huevos. Formar
unas bolitas. Cocerlos durante 30 minutos. Enfriar. Rellenar con nata.
Espolvorear con azúcar y acompañar con el chocolate fondant.

Precio: 1.586 pesetas   Calorías por ración: 1.423

a. How many eggs do you need to make this recipe?

....

b. And how much sugar?

....

c. What four ingredients do you melt?

....

d. When do you add the flour?

....

e. How many times do you need to let the mixture cool?

....

f. How do you decorate this pudding?

....

g. Why do you think it's fattening?

....

Exercise 6   Look at the menu in this cheaper restaurant.
Unfortunately, the English translations are not very accurate.
Match each Spanish dish to its English equivalent.

RESTAURANTE PIZZERÍA ROMA

Especialidad: Paella para 2 personas 700 pesetas

Pasaje San Juan, Marbella

Menú especial de la casa: 350 pesetas

a.	*Pizza 4 estaciones*	**i.**	*Chicken and french fries*
b.	*Pizza de jamón*	**ii.**	*Pork chop*
c.	*Sopa de pescado*	**iii.**	*Ham pizza*
d.	*Calamares a la romana*	**iv.**	*Escalope Milanese*
e.	*Gambas a la plancha*	**v.**	*4 seasons pizza*
f.	*Filete de ternera*	**vi.**	*Grilled shrimp*
g.	*Chuleta de cerdo*	**vii.**	*Fish soup*
h.	*Pollo con patatas*	**viii.**	*Fried squid*
i.	*Escalope empanado*	**ix.**	*Fillet of veal*

....

Exercise 7   Complete each phrase with the correct form of the ordinal
numbers (that is: first, second, third, and so on).

a.   **¿de** (1st ....) **plato?**

b.   **¿y de** (2nd ....) **?**

c.   **el** (3rd ....) **hombre**

d.   **el** (4th ....) **piso**

e.   **la** (5th ....) **planta**

f.   **el** (6th ....) **hijo**

ANSWERS

Exercise 1
a. mentira **b.** verdad **c.** verdad **d.** verdad **e.** mentira **f.** verdad
g. verdad **h.** mentira **i.** verdad

Exercise 2
el menú, por favor / a ver... consomé al jerez para mí / entremeses variados para mí / para mí, merluza frita, dos salsas / y bacalao al pil pil para mí / ¿hay helado? / un helado de vainilla / y un café irlandés para mí / una botella de vino tinto de la casa / y un litro de agua con gas

Exercise 3
hidratos: pan blanco, pan integral, pasta, patatas, azúcar
grasas: aceite de maíz, mantequilla, margarina
carne: ternera, cochinillo, cordero, pollo
pescado: merluza, salmón, sardinas, trucha

Exercise 4
i. tres mil ochocientas pesetas **ii.** cuatro mil ochocientas pesetas
iii. mil cuatrocientas cincuenta pesetas **iv.** ocho mil pesetas
v. ciento setenta y cinco pesetas **vi.** tres mil ochocientas cincuenta pesetas **vii.** mil seiscientas pesetas **viii.** seiscientas pesetas
ix. cuatrocientas veinte pesetas

Exercise 5
a. three **b.** in total, three spoonfuls **c.** water, butter, sugar, and salt
d. after the mixture has melted **e.** twice **f.** with chocolate and sugar
g. it contains sugar, butter, cream, and chocolate

Exercise 6
a. v **b.** iii **c.** vii **d.** viii **e.** vi **f.** ix **g.** ii **h.** i **i.** iv

Exercise 7
a. ¿de primer plato? **b.** ¿y de segundo? **c.** el tercer hombre
d. el cuarto piso **e.** la quinta planta **f.** el sexto hijo

11 LIKES AND DISLIKES

Exercise 1 *What do you like?*

Match up the words in both columns.

a.	¿Le gustan	i.	la costa gallega o la Costa Blanca?
b.	Me gusta	ii.	mucha gracia.
c.	¿Te gusta	iii.	el café colombiano.
d.	No me gusta	iv.	los vinos franceses?
e.	No me hace	v.	el Mediterráneo?
f.	¿Qué te gusta más	vi.	ni la cerveza.
g.	No le gusta ni el vino	vii.	nada la Costa del Sol.

....

Exercise 2 Read the conversation between Marta and Ana about what they like and dislike about Spain, and fill in the missing words.

Marta ¿Y a .... no te gusta España?

Ana Claro que me .... Pero no .... gusta Madrid.

Marta ¿Y .... ?

Ana Porque hay .... gente. También hay ....

tráfico.

Marta ¿No te gusta la .... ?

Ana Por supuesto que no. La .... Lo que ....

me gusta es el aire puro del ....

Marta Y lo que .... te .... son los coches.

Ana Así es.

> demasiada   me   ti   gusta   más   odio
>
> gusta   contaminación   mucho   menos
>
> campo   por qué

Exercise 3 Try using your imagination and fill in the grid with your likes, dislikes, and preferences. (You may need to look some of them up in a dictionary.) The first one has been done for you to give you an idea. Look up the answers to this question if you want to see some alternatives.

a. Lo que me gusta más de España

la gente

....

b. Lo que me gusta menos de España

....

c. Lo que me gusta más de EE.UU.

....

d. Lo que me gusta menos de EE.UU.

....

e. Lo que prefiero hacer en el verano

....

f. Lo que me gusta hacer en la casa

....

g. Lo que detesto hacer en la casa

....

h. Lo que más me gusta comer

....

i. Lo que menos me gusta comer

....

Exercise 4 Look at these sketches and then label them with the appropriate phrase. They're all in the third person form.

a. ....

....

b. ....

....

c. ....

....

d. ....

....

e. ....

....

f. ....

....

g. ....

....

cocina   hace las camas   trabaja en el jardín
lava la ropa   plancha un pantalón
limpia la casa   hace las maletas

Exercise 5   Check the one that doesn't belong in each set of four words:

a.	cocinar	trabajo	lavar	planchar
b.	valle	parque	verde	paisaje
c.	creo	pienso	prefiero	le gusta
d.	preparado	típico	doméstico	detesto
e.	lengua	idioma	acento	francés

Exercise 6   From the information given to you about Marta, Nicolás, and Teresa, decide who is being talked about in the descriptions marked **i**, **ii**, and **iii** and write their names in the appropriate place.

Extra vocabulary   **deportista** sporty   **bronceado/a** tanned

a.   **Marta es una persona muy extrovertida. Tiene siete hermanos y sus padres aún viven. No le gusta estar sola, sobre todo cuando tiene tiempo libre.**

b.   **Nicolás es muy sereno y muy discreto. No tiene hijos y puede ir de vacaciones cuando quiera.**

c.   **Teresa es muy deportista. Nada muy bien pero no en las piscinas sino en el mar porque también le gusta volver a casa muy bronceada.**

i.   **A .... le gusta nadar y tomar el sol y bañarse en el mar cantábrico. Va de vacaciones en el verano con su familia y está allí tres o cuatro semanas, por lo general.**

ii.   **A .... le encanta estar en la playa con muchas personas. Le encanta hablar con la gente. Va siempre a la Costa del Sol con su familia. Son muy numerosos.**

iii.   **A .... no le gusta el Mediterráneo ni la Costa Blanca. Prefiere Portugal o Galicia donde hay menos gente. Va de vacaciones en la primavera, durante la semana santa (Easter).**

Exercise 7 In this letter to Teresa, Silvia tells her about her likes and dislikes.

Extra vocabulary
aunque although
incluso even

> 31 de mayo
>
> Querida Teresa:
> ¿Cómo estás? Espero que bien. Yo estoy estupendamente. Este fin de semana vamos de vacaciones a la costa gallega. Me gusta muchísimo ir allí aunque el clima no es muy bueno. ¡Hace frío incluso en verano! Pero me gustan muchísimo las playas. Son preciosas y hay muy poca gente. ¿A ti también te gusta nadar y tomar el sol? A mí me encanta, porque me gusta estar muy bronceada en el verano. También me gusta mucho viajar, así que en la primavera, normalmente en el mes de abril, vamos a otra región de España, como Castilla o Cataluña. ¿Tú también viajas mucho por tu país? Este año vamos al sur, a Andalucía. ¡Hay un problema! No me gusta el acento de los andaluces. ¡Es muy difícil de entender!
>
> Un abrazo muy fuerte
> Silvia

Check the correct end to each statement.

a. Silvia is going on vacation
  this weekend.
  next weekend.

b. She is going to the
  Gulf coast.
  Galician coast.

c. It's cold there
  in summer.
  in spring.

d. There are
  very few people on the beaches.
  quite a lot of people.

e. Silvia asks Teresa if
  she likes swimming.
  she likes sailing.

f. What Silvia does not like about Andalucía is
  the people.
  their way of talking.

ANSWERS

Exercise 1
a. iv **b.** iii **c.** v **d.** vii **e.** ii **f.** i **g.** vi

Exercise 2
¿Y a ti no te gusta España? / Claro que me gusta. Pero no me gusta Madrid. / ¿Y por qué? / Porque hay demasiada gente. También hay mucho tráfico. / ¿No te gusta la contaminación? / Por supuesto que no. La odio. Lo que más me gusta es el aire puro del campo. / Y lo que menos te gusta son los coches. / Así es.

Exercise 3
b. ¡la lengua! **c.** el paisaje **d.** el clima **e.** tomar el sol **f.** planchar camisas **g.** lavar la ropa **h.** soufflé de chocolate **i.** ostras (oysters)

Exercise 4
a. cocina **b.** plancha un pantalón **c.** lava la ropa **d.** limpia la casa **e.** trabaja en el jardín **f.** hace las camas **g.** hace las maletas

Exercise 5
a. trabajo: all the others are infinitives **b.** verde: all the others are nouns describing geographical features **c.** le gusta: all the others are 'first person' verbs (those forms accompanying 'yo') **d.** detesto: this is the first person of 'detestar' and the others are all adjectives or describing words **e.** francés: this is the only name of a specific language

Exercise 6
i. Teresa **ii.** Marta **iii.** Nicolás

Exercise 7
a. this weekend **b.** Galician coast **c.** in summer **d.** very few people **e.** she likes swimming **f.** their way of talking

Exercise 1   Match up the Spanish weather description with its English equivalent.

a.	**Hace viento.**	i.	There's snow.
b.	**Está despejado.**	ii.	The weather is good.
c.	**Hace sol.**	iii.	It rains a lot.
d.	**Hace mucho frío.**	iv.	There's fog.
e.	**Hay nieve.**	v.	It's windy.
f.	**Hace calor.**	vi.	The climate is pleasant.
g.	**Hay niebla.**	vii.	It's hot.
h.	**Hace buen tiempo.**	viii.	There are clear skies.
i.	**El clima es agradable.**	ix.	It's sunny.
j.	**Llueve mucho.**	x.	It's very cold.

Exercise 2   Fill in the grid according to what sort of weather we associate with each season. There are no answers to this exercise.

	PRIMAVERA	VERANO	OTOÑO	INVIERNO
hace sol				
hace viento				
hace frío				
hace mucho calor				
llueve				
hay heladas				
nieve				
hay niebla				
está cubierto				
está despejado				

Exercise 3   Here is some information about weather conditions in various cities throughout the world.

ESPAÑA		MAX.	MIN
Alicante	D	16	7
Ávila	P	13	-1
Burgos	N	3	-3
Madrid	F	7	2
Zaragoza	Q	12	2
EXTRANJERO			
Berlín	A	8	5
Buenos Aires	Q	29	21
Londres	P	6	-2
Miami	Q	25	21
Nueva York	D	6	0
Roma	P	18	14

D = despejado
P = lluvia
N = nieve
F = mucho frío
Q = cubierto
A = agradable

Now looking back at the phrases you used in Exercise 1, see if you can answer these questions in Spanish:

a   ¿Qué tiempo hace en Zaragoza? ....

Londres? ....

Nueva York? ....

b.   ¿Cuál es la temperatura máxima que tienen en...

Miami? ....

Roma? ....

Londres? ....
(En Alicante es de dieciséis grados.)

c.   ¿En qué ciudades llueve? ....

d.   ¿En qué ciudad hace buen tiempo? ....

Exercise 4   Using the words in the box, fill in the blanks in this conversation about the Spanish climate.

María   ¿Y cómo es el .... en este país?

Juan   No se puede generalizar – hay muchas ....

diferentes y todas tienen su clima particular.

María   Bueno, en Madrid, por ....

Juan   Madrid tiene un clima .... Hace mucho frío en

.... y mucho calor en .... – hasta

treinta y cinco ....

María   ¡Qué barbaridad! ¿Y en el .... ?

Juan   El clima en el norte es mucho más suave. Pero ....

mucho, eso sí.

María   ¿Y en el .... , en Andalucía?

Juan   Bueno, también hace mucho .... en julio y

agosto pero en el invierno el clima es .... La

región que tiene el mejor clima es Canarias: allí es siempre

....

regiones	llueve	templado	calor	ejemplo
continental	primavera	grados	invierno	
norte	sur	verano	clima	

Exercise 5 Look at the map of Spain and then mark in the letters for the weather which each region will have, according to the report.

Extra vocabulary **nuboso** cloudy

D = clear skies   **H** = frosty conditions
N = snow   **C** = cloudy
P = rain   **F** = fog
Q = overcast
A = pleasant

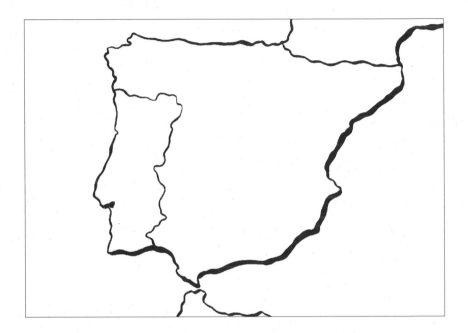

ANDALUCÍA: **Cielo despejado en la zona de Gibraltar, con heladas en Sierra Nevada y Sierra Morena por encima de los 2.000 metros.**

GALICIA: **Cielo cubierto con lluvia en el oeste y nieve por encima de los 2.000 metros.**

MADRID: **Cielo cubierto en la sierra y muy nuboso en el resto, con lluvia en la sierra.**

VALENCIA: **Niebla durante la mañana por la costa.**

CATALUÑA: **Cubierto en el Pirineo con lluvia. Muy nuboso en el resto.**

Exercise 6 Now read what Teresa has to say about the weather in northern Peru.

Extra vocabulary **fresco** cool   **la inundación** flood

Trujillo, 5 de junio

Querida Silvia,

Gracias por tu carta. Tenemos un tiempo muy malo en esta temporada. Para nosotros, es el invierno (hoy es el cinco de junio) y normalmente llueve un poco y hace un poco fresco.

Pero este año llueve mucho todos los días por la tarde, hace viento y ha habido inundaciones. También hace mucho frío – la temperatura es de diez grados durante el día y bajo cero durante la noche. Bueno, espero que el clima en Zaragoza sea un poco mejor...

Besos de Teresa

Are these statements **verdad** or **mentira**?

		verdad	mentira
a.	It is summer in Peru when Teresa writes her letter to Silvia.	☐	☐
b.	The weather in June is usually cool and a bit rainy.	☐	☐
c.	This year there have been floods.	☐	☐
d.	This year it has rained a great deal in the mornings.	☐	☐
e.	The temperatures have been below freezing at night.	☐	☐

ANSWERS

Exercise 1
a. v **b.** viii **c.** ix **d.** x **e.** i **f.** vii **g.** iv **h.** ii **i.** vi **j.** iii

Exercise 3
a. En Zaragoza está cubierto: en Londres llueve y en Nueva York está despejado. **b.** La temperatura máxima en Miami es de veinticinco grados, en Roma es de dieciocho grados y en Londres es de seis grados. **c.** Llueve en Londres, Roma y Ávila. **d.** Hace buen tiempo en Berlín.

Exercise 4
¿Y cómo es el clima en este país? / No se puede generalizar – hay muchas regiones diferentes y todas tienen su clima particular. / Bueno, en Madrid, por ejemplo... / Madrid tiene un clima continental. Hace mucho frío en invierno y mucho calor en verano – hasta treinta y cinco grados. / ¡Qué barbaridad! ¿Y en el norte? / El clima en el norte es mucho más suave. Pero llueve mucho, eso sí. / ¿Y en el sur, en Andalucía? / Bueno, también hace mucho calor en julio y agosto pero en el invierno el clima es templado. La región que tiene el mejor clima es Canarias: allí es siempre primavera.

Exercise 5

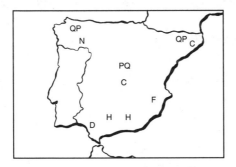

Exercise 6
a. mentira **b.** verdad **c.** verdad **d.** mentira **e.** verdad

Exercise 1 Look at these times on the digital clock and express them as words (using the twelve-hour clock). The first one has been done for you.

a. **13.45** *las dos menos cuarto* ....

b. **15.30** ....

c. **9.15** ....

d. **1.20** ....

e. **19.25** ....

f. **22.35** ....

g. **23.00** ....

h. **22.30** ....

i. **6.35** ....

j. **12.05** ....

Exercise 2   Can you rearrange Marta's daily routine so that it takes place in the correct order?

a. Vuelvo a casa a comer.
b. Me ducho a las ocho y cuarto.
c. Leo o estudio hasta las once o doce de la noche.
d. Veo el telediario a las tres.
e. Voy a la oficina de turismo a las cuatro de la tarde.
f. Salgo a la universidad a las nueve.
g. Me acuesto.
h. Me levanto a los ocho de la mañana.
i. Veo la telenovela a las tres y media.
j. Vuelvo a casa a cenar.
k. Trabajo allí hasta las siete y media.
l. Estudio desde las nueve y media hasta la una y media.
m. Desayuno a las ocho y media.

....

Exercise 3   Here's an activity to practice the verb **salir**. Fill in the correct form in each sentence.

a. Teresa, ¿no .... hoy por la noche?

b. Y vosotros, ¿a dónde .... ?

c. Normalmente, no .... por la tarde. Me quedo en

    casa a descansar.

d. No dejo a las niñas .... solas después de las ocho

    de la tarde. Es peligroso.

e. Mis padres siempre .... los sábados por la tarde

    al cine o al teatro.

f. Nosotros .... a un restaurante de por aquí siempre

    que alguien cumple años.

| salir | salen | salgo | salimos | salís | sales |

Exercise 4 The Fernández family all have different ideas about what they want to do. Look at these pictures and then write in the phrase which describes each one best.

a. ....

....

b. ....

....

c. ....

....

d. ....

....

e. ....

....

f. ....

....

i.   Yo quiero montar en bicicleta.
ii.   Yo quiero ir a la piscina con mis amigos.
iii. Yo quiero ir al zoológico.
iv.   Yo quiero ir a la discoteca a bailar.
v.   Yo quiero ver el fútbol en la tele...
vi.   Yo quiero ir a visitar el pueblo.

Exercise 5   Assign an appropriate time to Javier's daily routine as described in the lefthand column.

a.	Se levanta	i.	a las diez de la noche.
b.	Se viste	ii.	a las seis y media.
c.	Se arregla	iii.	a las siete.
d.	Va a trabajar	iv.	a las dos y media.
e.	Come en un restaurante	v.	a la medianoche.
f.	Trabaja hasta	vi.	a las once y diez.
g.	Vuelve a casa	vii.	a las siete y cinco.
h.	Cena con su mujer	viii.	a las siete y diez.
i.	Ve su programa favorito	ix.	a las ocho de la mañana.
j.	Se acuesta	x.	a las seis de la tarde.

....

Exercise 6   In this letter Teresa tells Silvia about life in Trujillo.

Querida Silvia,

Gracias por tu carta y por decirme como es tu vida diaria. Yo también me levanto temprano: pero me levanto más temprano que tú, a las seis, porque tengo que salir a trabajar a las siete y media de la mañana. Voy con mis padres en coche a la tienda y allí empiezo a las ocho. Normalmente vuelvo a casa en autobús para comer con la familia pero a veces me quedo en el centro y como con unas compañeras de la tienda. Luego volvemos a la tienda hasta las seis y media y vamos andando a casa después de tomar un aperitivo en un bar de por allí. Ceno en casa y los martes siempre salgo con mi novio al cine del barrio. También salimos juntos los sábados a bailar o a tomar una copa.

Bueno, eso es todo por hoy. Escríbeme pronto.

Un abrazo fuerte de tu amiga

Teresa

Now decide whether these statements are true or false.

		verdad	mentira
a.	Silvia has already told Teresa about her daily life.	☐	☐
b.	Teresa gets up later than Silvia.	☐	☐
c.	Teresa starts work at seven thirty.	☐	☐
d.	Her parents take her to work.	☐	☐
e.	She either has lunch at home or with some of her colleagues.	☐	☐
f.	At the end of the day she goes home by bus.	☐	☐
g.	She goes to the movies with her boyfriend on Wednesdays.	☐	☐
h.	They go dancing or drinking on Saturdays.	☐	☐

Exercise 7 Find the names of the five meals (lunch, main meal, dinner, breakfast, afternoon snack) in this **sopa de letras,** or word soup.

A	B	N	M	B	O	P	Q
M	E	R	I	E	N	D	A
A	D	I	M	O	C	A	S
R	E	C	V	E	E	L	M
R	S	B	N	N	N	M	U
B	A	X	G	D	A	U	C
O	Z	R	E	U	M	L	A
O	N	U	Y	A	S	E	D

ANSWERS

Exercise 1
a. las dos menos cuarto **b.** las tres y media **c.** las nueve y cuarto
d. la una y veinte **e.** las siete y veinticinco **f.** las once menos
veinticinco **g.** las once **h.** las diez y media **i.** las siete menos
veinticinco **j.** las doce y cinco

Exercise 2
h, b, m, f, l, a, d, i, e, k, j, c, g.

Exercise 3
a. Teresa, ¿no sales hoy por la noche? **b.** Y vosotros, ¿a dónde salís?
c. Normalmente no salgo por la tarde. Me quedo en casa a descansar.
d. No dejo a las niñas salir solas después de las ocho de la tarde. Es
peligroso. **e.** Mis padres siempre salen los sábados por la tarde al
cine o al teatro. **f.** Nosotros salimos a un restaurante de por aquí
siempre que alguien cumple años.

Exercise 4
a. vi **b.** iv **c.** iii **d.** ii **e.** v **f.** i

Exercise 5
a. iii **b.** vii **c.** viii **d.** ix **e.** iv **f.** x **g.** ii **h.** i **i.** vi **j.** v

Exercise 6
a. verdad **b.** mentira **c.** mentira **d.** verdad **e.** verdad **f.** mentira
g. mentira **h.** verdad

Exercise 7
The five words are almuerzo; comida; cena; desayuno; merienda.

Exercise 1 First match the verb in the middle column with its English equivalent. Then decide which of the verbs is the infinitive for each sentence on the left.

	A		B		C
a.	Mañana, ¿qué hará usted?	i.	salir	t.	to put
b.	Iremos al cine y luego a un restaurante.	ii.	hacer	u.	to go
c.	Saldremos al teatro por la tarde.	iii.	ir	v.	to have
d.	¿Tendrás bastante dinero para comprarlo?	iv.	poner	w.	to go out
e.	Me pondré de acuerdo con él para ir a cenar.	v.	saber	x.	to do
f.	¿Sabrás hacerlo?	vi.	gustar	y.	to know
g.	Nos gustará mucho.	vii.	tener	z.	to like

....

....

Exercise 2 Try matching up the words in both columns. Sometimes they are opposites; sometimes they have similar meanings.

a.	la autopista	i.	bajo
b.	una obra de teatro	ii.	una ducha
c.	el colegio	iii.	tíos
d.	almorzar	iv.	la carretera
e.	un baño	v.	una película
f.	moreno	vi.	la escuela
g.	alto	vii.	comer
h.	primos	viii.	coger
i.	tomar	ix.	rubio

....

Exercise 3 This conversation about what Ana and Manuel want to do tomorrow has become rather confused. Can you unravel it? Number the sentences in the right order.

Ana	El lunes no puedo. Voy a estar en Madrid...
Ana	Bueno, mañana tengo que ir al ayuntamiento...
Ana	Sí, hombre, ¿no te acuerdas? Tengo que ir a la oficina de turismo para los billetes...
Ana	Por supuesto. ¿Te apetece ir a cenar a ese nuevo restaurante?
Manuel	¿En Madrid? ¡Nunca me cuentas nada!
Manuel	Ah, sí, ¿por qué?
Manuel	Ah, sí, claro. Pero por la noche podremos salir, ¿no?
Ana	Porque tengo que entregar unos documentos.
Manuel	¿Por qué no? Invitaré también a los Rodríguez.
Manuel	¿No lo podrás hacer el lunes?

Exercise 4 Remember that, in Spanish, you must have the right ending for each verb, if you are to be easily understood. Check the correct form for each of the sentences below. You have three options – but only one is right.

a. **Creo que me guste.**
                                   gustará.
                                   gusto.

b. **¿Qué vamos a hacemos?**
                                   hacer?
                                   haremos?

c. **¿Qué te apetecen?**
                                   apetece?
                                   apetecemos?

d. **Mañana nos ponemos de acuerdo para almorzar.**
                                   pongamos
                                   pondremos

e. **Yo tiene que ver a mi jefe mañana.**
                       tenemos
                       tengo

f. **¿He que pagar en la autopista?**
                   Hay
                   Hemos

g. **Su primo esté muy alto.**
                                 estoy
                                 está

Exercise 5 Look at these signs and then write in below the most appropriate phrase.

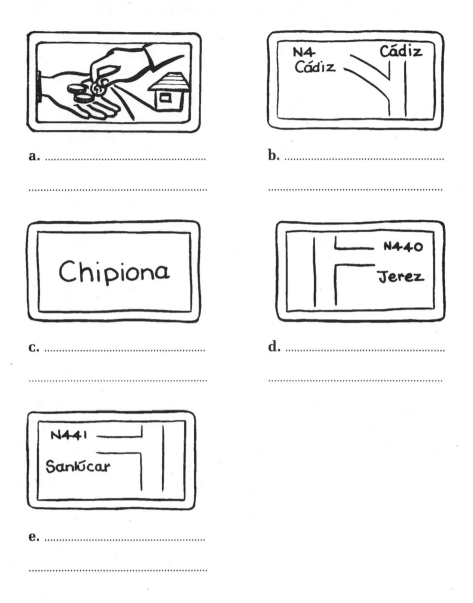

a. ....

b. ....

....

....

c. ....

d. ....

....

....

e. ....

....

i.   ¿Para ir a Chipiona?
ii.   Luego dejará esa carretera y cogerá la 441 hacia la izquierda.
iii. Hay que pagar peaje.
iv.   Se desviará hacia la derecha.
v.   Puede coger dos caminos.

Exercise 6   Can you match the words in the box below to these definitions?

a.   Dos carreteras se cruzan en este punto.

....

b.   Utilizas esta carretera si quieres llegar pronto.

....

c.   Un período de tiempo muy corto.

....

d.   Allí trabaja el alcalde de un pueblo o de una ciudad.

....

e.   Se utiliza esta máquina en casa o en una peluquería.

....

f.   Una cantidad de dinero que se paga en una autopista.

....

g.   El mar está al lado.

....

h.   Una sala de baile.

....

un momentito   el peaje   un cruce
la autopista   un secador   la playa
el ayuntamiento   la discoteca

Exercise 7 In this letter from Silvia to Teresa, some of the words have been omitted. Can you replace them from the box below?

Querida Teresa

Te escribo porque hoy estoy libre – es una fiesta
.... , la Inmaculada (el ocho de diciembre).
Normalmente a estas .... estoy en el autobús,
camino a la universidad, pero .... estoy todavía
en la cama. Además, es jueves, así que .... a
hacer el puente (¿utilizas esta expresión en el
.... ? Significa que tampoco vamos a trabajar
mañana: tendremos otro .... de fiesta, junto con
el fin de semana). Esto .... lo que yo tengo
programado para estas vacaciones cortas. Mañana
.... de compras con mi mamá. Compraremos
regalos de navidad para los .... y la familia. (No,
las tiendas no estarán cerradas – .... que habrá
mucha gente que quiere comprar.) El fin de ....
vamos a pasarlo con mi tía que vive en Pamplona. Hace mucho
.... que no la vemos y le llevaremos los regalos.
Por la noche, seguro que .... con mis primos a
una discoteca o a .... unas copas por allí. El
domingo .... a casa temprano porque el
.... estos días no es muy bueno. 'El hombre del
tiempo' .... que va a nevar el domingo por la
tarde. Bueno, ... que levantarme y desayunar...

Hasta .... , un abrazo de Silvia.

---

pronto	horas	día	saldré	dice	hoy	iré
semana	saben	tengo	tomar	tiempo		
vamos	volveremos	es	tiempo	Perú		
amigos	nacional					

ANSWERS

Exercise 1
a. ii, x **b.** iii, u **c.** i, w **d.** vii, v **e.** iv, t **f.** v, y **g.** vi, z

Exercise 2
a. iv **b.** v **c.** vi **d.** vii **e.** ii **f.** ix **g.** i **h.** iii **i.** viii

Exercise 3

Ana	Bueno, mañana tengo que ir al ayuntamiento...
Manuel	Ah, sí, ¿por qué?
Ana	Porque tengo que entregar unos documentos.
Manuel	¿No lo podrás hacer el lunes?
Ana	El lunes no puedo. Voy a estar en Madrid...
Manuel	¿En Madrid? ¡Nunca me cuentas nada!
Ana	Sí, hombre, ¿no te acuerdas? Tengo que ir a la oficina de turismo para los billetes...
Manuel	Ah, sí, claro. Pero por la noche podremos salir, ¿no?
Ana	Por supuesto. ¿Te apetece ir a cenar a ese nuevo restaurante?
Manuel	¿Por qué no? Invitaré también a los Rodríguez.

Exercise 4
a. me gustará **b.** hacer **c.** apetece **d.** pondremos **e.** tengo **f.** hay
g. está

Exercise 5
a. iii **b.** v **c.** i **d.** iv **e.** ii

Exercise 6
a. un cruce **b.** la autopista **c.** un momentito **d.** el ayuntamiento
e. un secador **f.** el peaje **g.** la playa **h.** la discoteca

Exercise 7
Querida Teresa

Te escribo porque hoy estoy libre – es una fiesta nacional, la Inmaculada (el ocho de diciembre). Normalmente a estas horas estoy en el autobús, camino a la universidad, pero hoy estoy todavía en la cama. Además, es jueves, así que vamos a hacer el puente (¿utilizas esta expresión en el Perú? Significa que tampoco vamos a trabajar mañana: tendremos otro día de fiesta, junto con el fin de semana). Esto es lo que yo tengo programado para estas vacaciones cortas. Mañana iré de compras con mi mamá. Compraremos regalos de navidad para los amigos y la familia. (No, las tiendas no estarán cerradas – saben que habrá mucha gente que quiere comprar.) El fin de semana vamos a pasarlo con mi tía que vive en Pamplona. Hace mucho tiempo que no la vemos y le llevaremos los regalos. Por la noche, seguro que saldré con mis primos a una discoteca o a tomar unas copas por allí. El domingo volveremos a casa temprano porque el tiempo estos días no es muy bueno. 'El hombre del tiempo' dice que va a nevar el domingo por la tarde. Bueno, tengo que levantarme y desayunar...

Hasta pronto, un abrazo de Silvia.

15 TALKING ABOUT THE PAST

Exercise 1   Match up the sentences in both columns.

a.	**Ayer fui de compras.**	i.	I had to go to the bank to take out 10,000 pesetas.
b.	**Me compré un par de zapatos.**	ii.	So, in the afternoon, I changed them.
c.	**Pero a Juan no le gustaron.**	iii.	Yesterday I went shopping.
d.	**Así, por la tarde, los descambié.**	iv.	I also saw a very nice suit.
e.	**También vi un traje muy bonito.**	v.	I bought myself a pair of shoes.
f.	**No tuve suficiente dinero para comprarlo.**	vi.	But John didn't like them.
g.	**Tuve que ir al banco para retirar diez mil pesetas.**	vii.	I went back to the shop.
h.	**Volví a la tienda.**	viii.	They sold the suit to someone else!
i.	**¡Vendieron el traje a otra persona!**	ix.	I didn't have enough money to buy it.

Exercise 2   Here are some words for you to guess: they are all linked with the theme of transportation. If you get them right, the name for something unpleasant will appear in the gray column!

a.   **aquí se reparan coches**

b.   **algo serio**

c.   **lo dices si algo no va bien**

d.   **parte de un coche**

e.   **sin esto, ¡el coche no va!**

f.   **un tipo de gasolina**

The crossword grid begins with the letters: a. G, b. G, c. L, d. F, e. G, f. N

Exercise 3 This is what Juan did last Sunday. Can you put the events in the correct order?

    a.   Luego fueron a comer a un restaurante de por allí.

    b.   Salió un rato al bar a tomar una cerveza antes de acostarse.

    c.   Cenó a las diez.

    d.   Salió a encontrar unos amigos.

    e.   Jugaron al fútbol y nadaron un poco.

    f.   Se levantó tarde, a eso de las once y media.

    g.   Por la tarde se echó la siesta en casa.

    h.   Fueron todos a la playa.

    i.   A eso de las siete, se puso a ver televisión.

    j.   Se arregló y desayunó.

....

Exercise 4 Look at these sketches and write in the most appropriate phrase below.

a. ....

....

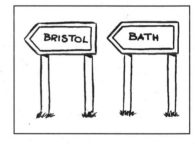

b. ....

....

c. ....

....

d. ....

....

e. ....

....

f. ....

....

i. Me gustaron las dos ciudades de Bath y Bristol.
ii. Viajé en autobus.
iii. ¡Qué difícil es el inglés!
iv. El garaje estuvo cerrado.
v. Estuve en Inglaterra hace dos años.
vi. Llega a su hora – a las cuatro y cuarto.

Exercise 5   Choose the correct form of the past tense for each sentence.

a. ¿Que cómo .... a España? Pues al ir, en autobús, y al volver, en tren.
   fui   *fuiste*   *fuisteis*

b. Nosotros .... por Cuenca pero Charo viajó directamente a Madrid.
   pasé   *pasamos*   *pasaron*

c. Se .... muy temprano – a las cinco y media – para coger el tren.
   levantan   *levantaste*   *levantó*

d. .... en la discoteca con mis amigos hasta las dos o tres de la madrugada.
   estar   *estuve*   *estuvieron*

e. Mi madre .... el pastel de cumpleaños y mi tía preparó unos dulces.
   hice   *hace*   *hizo*

f. .... a bañarnos en la playa de Denia. Lo pasamos muy bien.
   salir   *salieron*   *salimos*

Exercise 6 In this last letter from Silvia to Teresa, she describes a visit that she made recently to the south of Spain.

¡Hola, Teresa!

¿Qué tal estás? ¿Y tu familia? Espero que todos estéis bien. En la última carta no te hablé de las vacaciones que pasamos hace un mes en Andalucía. (Andalucía está en el sur de España, es la España típica y tópica que conocen todos los extranjeros.) Fuimos mi hermana mayor y yo a visitar unos primos que viven en Sevilla. Viajamos en el nuevo AVE, o tren de alta velocidad, de Madrid a Sevilla después de pasar unos días en casa de una tía. Estuvo muy bien, no hubo ningún problema y llegamos a la hora programada a Santa Justa, la nueva estación de Sevilla donde nos esperaba nuestra familia sevillana. Nos hicieron visitar muchos monumentos y parques y el tiempo fue magnífico – mucho sol durante el día pero fresco de noche. Después de tres o cuatro días en Sevilla nos llevaron en coche a visitar los pueblos blancos de la costa, y también Granada y Jerez. Lo que más me gustó fue el mezquita en Córdoba que es una maravilla de arte arabe y cristiano, y también me gustaron las ciudades de Palos y Jerez. Nos quedamos en pequeños hoteles o pensiones, así que el viaje no salió demasiado caro. Después de ocho días, volvimos en autocar a Zaragoza. Te envié una postal de Jerez. Espero que la hayas recibido.

Bueno, estoy cansada de tanto escribir – hasta otro día.

Escríbeme pronto.

Un abrazo de

Silvia

a. How long ago did Silvia visit Andalucía?

....

b. Whom did Silvia go with?

....

c. How did she travel there?

....

d. Who was there to meet them?

....

e. What did they see in Seville?

....

f. What was the weather like?

....

g. Which cities did they visit apart from Seville?

....

h. What did Silvia like most?

....

i. Where did they stay?

....

j. How long did they stay?

....

k. How did they travel back home?

....

l. What did Silvia send Teresa?

....

Exercise 7 In the final exercise of this Activity Book, you'll be looking at language you'll see in the airport before you leave Spain. What do all these signs mean?

PUERTA 16	CABALLEROS

a. .... b. ....

MOSTRADOR DE FACTURACIÓN	LLEGADAS

c. .... d. ....

SALIDAS INTERNACIONALES	TIENDA LIBRE DE IMPUESTOS

e. .... f. ....

RECOGIDA DE EQUIPAJES	ADUANA

g. .... h. ....

PUNTO DE REUNIÓN	ASEOS

i. .... j. ....

ANSWERS

Exercise 1
a. iii **b.** v **c.** vi **d.** ii **e.** iv **f.** ix **g.** i **h.** vii **i.** viii

Exercise 2
a. garaje **b.** grave **c.** lo siento **d.** frenos (brakes) **e.** gasolina
f. normal. The vertical word is **avería**.

Exercise 3
The correct order is: f, j, d, h, e, a, g, i, c, b.

Exercise 4
a. v **b.** i **c.** iii **d.** iv **e.** vi **f.** ii

Exercise 5
a. fui **b.** pasamos **c.** levantó **d.** estuve **e.** hizo **f.** salimos

Exercise 6
a. a month ago **b.** her older sister **c.** on the AVE or high speed train
d. their family in Seville **e.** monuments and parks **f.** wonderful,
hot during the day and cool at night **g.** Jerez and Granada and the
'white towns' on the coast **h.** the mosque in Córdoba **i.** in small
hotels and guest houses **j.** a week **k.** by bus **l.** a postcard

Exercise 7
a. gate 16 **b.** Men's **c.** check-in desk **d.** arrivals **e.** international
departures **f.** duty-free shop **g.** baggage claim **h.** customs
i. meeting point **j.** cloakroom/powder room

FOREIGN LANGUAGE BOOKS

Multilingual
The Insult Dictionary: How to Give 'Em Hell in 5 Nasty Languages
The Lover's Dictionary: How to be Amorous in 5 Delectable Languages
Handbook for Multilingual Business Writing
Multilingual Phrase Book
Let's Drive Europe Phrasebook
Talk Your Way Around Europe Phrasebook
Thomas Cook European Rail Traveler's Phrasebook
CD-ROM "Languages of the World": Multilingual Dictionary Database

Spanish
NTC's Beginner's Spanish and English Dictionary
Vox Spanish and English Dictionaries
Cervantes-Walls Spanish and English Dictionary
NTC's Dictionary of Spanish False Cognates
Nice 'n Easy Spanish Grammar
Spanish Verbs and Essentials of Grammar
Spanish Grammar in Review
Getting Started in Spanish
Spanish Culture Coloring Book
El Alfabeto
Spanish à la Cartoon
101 Spanish Idioms
Guide to Spanish Idioms
Guide to Spanish Suffixes
Guide to Correspondence in Spanish
The Hispanic Way
Al Corriente: Expressions Needed for Communicating in Everyday Spanish

French
NTC's New College French and English Dictionary
French Verbs and Essentials of Grammar
Real French
Getting Started in French
Guide to French Idioms
Guide to Correspondence in French
French Culture Coloring Book
L'Alphabet
French à la Cartoon
101 French Idioms
Nice 'n Easy French Grammar
NTC's Beginner's French and English Dictionary
NTC's Dictionary of Faux Amis
NTC's Dictionary of Canadian French
NTC's French and English Business Dictionary
Au courant: Expressions for Communicating in Everyday French
The French Way

German
Schöffler-Weis German and English Dictionary
NTC's Beginner's German and English Dictionary
Klett German and English Dictionary
Klett Super-Mini German and English Dictionary
Guide to Correspondence in German
Getting Started in German
German Verbs and Essentials of Grammar
Guide to German Idioms
Streetwise German
Nice 'n Easy German Grammar
German à la Cartoon
NTC's Dictionary of German False Cognates

Italian
Zanichelli Super-Mini Italian and English Dictionary
Zanichelli New College Italian and English Dictionary
NTC's Beginner's Italian and English Dictionary
Getting Started in Italian
Italian Verbs and Essentials of Grammar
The Italian Way

Greek
NTC's New College Greek and English Dictionary

Latin
Essentials of Latin Grammar
Teach Yourself Latin

Hebrew
Everyday Hebrew

Chinese
Easy Chinese Phrasebook and Dictionary
Basic Chinese Vocabulary Dictionary

Korean
Korean in Plain English

Polish
The Wiedza Powszechna Compact Polish and English Dictionary

Swedish
Swedish Verbs and Essentials of Grammar

Russian
Easy Russian Phrasebook and Dictionary
Complete Handbook of Russian Verbs
NTC's Compact Russian and English Dictionary
Essentials of Russian Grammar
Business Russian
Roots of the Russian Language
Basic Structure Practice in Russian
The Russian Way

Japanese
Easy Japanese
Easy Kana Workbook
Easy Hiragana
Easy Katakana
101 Japanese Idioms
Konnichi wa Japan
NTC's Dictionary of Japan's Cultural Code Ways
Japanese in Plain English
Everyday Japanese
Japanese for Children
Japanese Cultural Encounters
Japanese for the Travel Industry
Nissan's Business Japanese

"Just Enough" Phrase Books
Chinese, Dutch, French, German, Greek, Hebrew, Hungarian, Italian, Japanese,
    Portuguese, Russian, Scandinavian, Serbo-Croat, Spanish
Business French, Business German, Business Spanish
BBC Phrase Books
    French, Spanish, German, Italian, Greek, Arabic, Turkish, Portuguese

Audio and Video Language Programs
Just Listen 'n Learn Spanish, French, German, Italian, Japanese, Greek, and Arabic,
    Business Spanish, Business French, Business German, Arabi, Turkish
Just Listen 'n Learn...Spanish, French, German PLUS
Speak...Spanish, French, German, Japanese, Russian
Conversational...Spanish, French, German, Italian, Russian, Greek, Japanese, Thai,
    Portuguese in 7 Days
Practice & Improve Your...Spanish, French, Italian, and German
Practice & Improve Your...Spanish, French, Italian, and German PLUS
Improve Your...Spanish, French, Italian, and German: The P&I Method
VideoPassport French
VideoPassport Spanish
How to Pronounce...Spanish, French, German, Italian, Russian, Japanese Correctly
Verb Drill Series
    French, Spanish, German, Italian
By Association Series
    Spanish, French, German, Italian
How to Pronounce Series
    Spanish, French

PASSPORT BOOKS
a division of *NTC Publishing Group*
Lincolnwood, Illinois USA